존엄케어를
실천하는
감동의 스토리

존엄케어를 실천하는 감동의 스토리

초판 1쇄 발행 2024년 1월 26일

지은이	한철수
발행인	권선복
편 집	권보송
디자인	김소영
캘리그라피	이형구
전자책	서보미
발행처	도서출판 행복에너지
출판등록	제315-2011-000035호
주 소	(07679) 서울특별시 강서구 화곡로 232
전 화	0505-666-5555
팩 스	0303-0799-1560
홈페이지	www.happybook.or.kr
이메일	ksbdata@daum.net

값 20,000원
ISBN 979-11-93607-15-2 (13330)

Copyright ⓒ 한철수, 2024

* 이 책은 저작권법에 따라 보호받는 저작물이므로 무단전재와 무단복제를 금지하며, 이 책의 내용을 전부 또는 일부를 이용하시려면 반드시 저작권자와 〈도서출판 행복에너지〉의 서면 동의를 받아야 합니다.
* 잘못된 책은 구입하신 곳에서 바꾸어 드립니다.

도서출판 행복에너지는 독자 여러분의 아이디어와 원고 투고를 기다립니다. 책으로 만들기를 원하는 콘텐츠가 있으신 분은 이메일이나 홈페이지를 통해 간단한 기획서와 기획의도, 연락처 등을 보내주십시오. 행복에너지의 문은 언제나 활짝 열려 있습니다.

100세 시대! 피할 수 없는 노년의 삶!

존엄케어를 실천하는 감동의 스토리

한철수 지음

"아름다운 노년을 위해 좋은돌봄을 실천하는 요양원의 일상"

들어가며

"노인요양원 등 복지시설 학대 늘어"[1]

이런 소식이 매스컴을 통해 종종 알려지면서 요양원에 종사하는 종사자의 한 사람으로서 매우 부끄럽고 안타깝게 생각하고 있다.

"시립○○실버케어센터 건립… 주민반발"[2]

○○시에서는 치매·중풍 등 노인성질환자의 돌봄서비스를 제공하기 위해서 연면적 3,330㎡에 지하 1층, 지상 4층으로 88인을 수용할 수 있는 시립○○실버케어센터 건립을 추진했으나 주민들의 반발로 멈춰있는 상태이며 현재는 노인종합복지센터로의 전환을 계획하고 있다고 한다.

노인요양시설은 치매, 중풍 등으로 돌봄서비스를 필요로 하는 대상자가 시설에 입소하여 급식, 목욕, 의약품 복용 등 일상생활에 필요한 편의를 제공 받는 곳으로 초고령사회인 우리나

---
1. KBS뉴스. 2020. 6. 15
2. 인사이드케이블TV. 2017. 8. 29

라에 필수시설이라 할 수 있으나 지역 주민들의 강력한 반대로 공공노인요양시설들의 건립이 지연되거나 포기하고 있는 실정이다.

우리나라는 세계에서 유래가 없을 정도로 빠른 속도로 노인인구가 증가[3]하여 요양서비스를 필요로 하는 노인인구가 급격히 늘어나는 초고령사회를 앞두고 있다. 이에 따른 가족형태 및 기능이 변화하는 상황에서 수발의무를 가족의 책임으로만 둘 수 없다는 판단에 따라 2008년 7월부터 노인장기요양보험제도를 시행하고 있다.

그러나 노인요양시설은 초고령사회를 맞이하는 우리 사회에 꼭 필요로 하는 시설임에도 주민들은 노인요양시설에 대해 부정적인 이미지를 가지고 있으며, 심지어는 노인을 버리고 학대하는 곳으로 알고 있는 국민들이 많아 노인요양시설 설립에 반대하고 있는 실정이다.

또 다른 이유로는 많은 국민들이 노인요양시설이 거주지역에 설립되면 해당지역의 경제가 침체될 가능성이 매우 높아지고 외부인의 투자가 감소되어 토지 및 주택가격의 하락을 우려하는 인식이 팽배하고, 자녀 교육에도 부정적인 영향을 미칠 것이라고 생각하고 있다.

---

3. 2030년 65세 이상 인구분포 24.3%, 통계청. 장래인구추계. 2011.12. 35P

그러나 곧 초고령사회로 접어드는 우리로서는 앞으로 노인요양시설을 부정적으로만 볼 수가 없는 상황이다.

현대사회는 노인성질병으로 고생하시는 부모님을 가정에서 모시고 돌볼 수가 없는 상황이고, 그런 상황에 돌봐야 할 노인인구는 급속히 늘어나고 있기 때문에 국가가 책임지고 어르신 돌봄에 앞장서야 하는 상황이다.

핵가족화와 국민들의 효사상의 변화 등으로 자녀들의 부양을 기대할 수 없는 시대적 상황에서 앞으로 노인요양 시설들은 우리 자신들이 살아가야 할 곳이기도 하기 때문이다.
따라서 노인요양시설이 우리 주변에 설립되어야 자녀들이 부모님을 자주 찾아 볼 수 있을 것이다.

이에 따라 노인요양시설이 자유롭게 설립되기 위해서 우리 모두 노인요양시설에 대한 왜곡된 시각을 버리고 노인요양시설을 우리 생활의 일부로 받아들여야 한다고 생각한다.

물론, 노인요양원에서 근무하는 한 사람으로서 그동안 일부 시설들의 일탈로 국민들의 지탄을 받고 있지만 모든 노인요양시설들이 그런 모습인 양 비춰지는 왜곡된 시각의 아쉬움에 이렇게 존엄케어를 위한 좋은 돌봄을 실천하는 노인요양원도 있다는 사실을 알리고 싶어서 이 책을 집필하게 되었다.

우리나라에는 4,550여 개의 노인요양원이 운영되고 있다 보니 그중에 일부 잘못 운영되고 있는 노인요양시설도 있지만 저자가 근무하고 있는 요양원처럼 어르신들의 존엄케어를 위해서 최선을 다하고 있는 요양원도 있다는 사실을 전하고자 우리 노인요양원에서 어르신들에게 존엄케어를 실천하면서 일어나는 잔잔한 감동의 스토리를 담아 보았다.

우리 요양원에서는 어르신들에게 존엄케어를 실시하고자 "낙상제로", "학대제로", "욕창제로", "냄새제로", "신체구속제로"라는 5제로운동을 전개하며 노력하고 있으며, 마음안심돌봄이란 돌봄기술의 도입 및 스마트케어를 통하여 어르신들에게 돌봄서비스를 제공하고 있다.

또한, 저자는 돌봄종사자들이 행복해야 어르신들에게 행복을 나눠줄 수 있다는 신념을 갖고 종사자들의 행복한 직장생활을 위해 "칭찬합시다 운동"과 "친절합시다 운동"을 실시하고 있으며, 다양한 직원행복프로젝트를 시행하고 있다.

직원행복프로젝트를 통해서 다른 직종에 일하는 종사자들보다 더 열악한 환경과 처우를 받아가며 수고하는 종사자들의 자존감을 회복하고 안전하고 행복한 직장생활을 할 수 있도록 노력하고 있는 모습을 담아 보았다.

앞으로는 노인요양시설들이 우리 사회에서 다 함께 살아가야 할 곳이라는 인식을 갖는 데 일익을 담당하고 기여하는 책이 되었으면 좋겠다.

노인요양시설들은 어르신들과 돌봄종사자들을 위해서 스마트요양원 구축을 위해 많은 노력들을 하고 있다. 우리도 스마트 안심요양원 구축을 위해서 노력하는 모습도 담아 보았다.

이제 많은 노인요양시설들은 어르신들의 더욱 건강한 삶과 함께 힐링을 통한 100세 시대에 맞춘 제2의 집으로 거듭나고 있다. 평안하고 안전한 노후 생활을 노인 요양 시설과 함께할 수 있도록 앞으로 많은 노인요양시설에서는 국민들과 노인들의 인식을 긍정적으로 바꾸기 위해서 더욱 노력할 것으로 본다.

이 책을 통해서 노인요양시설을 운영하는 시설운영자에게는 어르신들의 존엄케어를 위해서 어떻게 좋은돌봄서비스를 제공하는지를 보여줌으로써 앞으로 좋은 돌봄서비스를 함께 실천하기를 희망하고, 돌봄종사자들에게는 우리 요양원이 좋은돌봄을 실천하기 위해서 노력하는 모습을 알려 줌으로써 어르신들에게 존엄케어를 실천하기를 희망한다.
일반 국민들에게는 노인요양시설들이 어르신들의 존엄케어를 위해서 얼마나 노력하는지를 통해서 노인요양시설에 대한 생각이 긍정적으로 변화하기를 희망한다.
아울러 장기요양보험을 운영하는 정부의 기관과 관계자들에게는 존엄케어를 위해서 좋은돌봄을 실천하는 노인돌봄현장의 애로사항과 개선을 위해서 깊이 고민하는 계기가 되기를 희망해 본다.

끝으로 존엄케어를 실천하는 데 가장 힘들고 어려운 일을 감당하는 분들은 요양보호사, 조리사, 간호사, 사회복지사, 물리치료사, 작업치료사, 위생원, 관리원, 행정요원들이다. 24시간 밤낮을 함께 지내면서 어르신들과 희노애락을 함께하는 여러분은 노인요양시설의 진정한 공로자이다. 여러분에게 존경과 감사를 드린다.

"고맙습니다! 그리고 사랑합니다!"

서울특별시립 남부노인전문요양원 원장

한철수

추천사

"어르신들에게 존엄케어를 실천하는 열정에 감사합니다."

「존엄케어를 실천하는 감동의 스토리」라는 책을 출간하게 된 것을 환영하며 축하를 드립니다.

우리나라는 2024년도면 노인 천만시대가 시작되어 2025년도에는 초고령사회를 맞이하게 됩니다. 이에 대비해 의료·돌봄, 주거, 일자리 등 다양한 분야별로 체계적인 준비가 필요한 상황인데 우리나라는 세계 어느 나라도 경험하지 못한 초고속, 초고령화 사회를 맞이하게 됨에 따라 어떻게 대비하여야 할지 고민이 깊어지고 있습니다.

노인 천만시대에 노인성질병으로 장기요양서비스를 받아야 하는 노인도 10% 가까이 이르고 있는데 장기요양서비스를 제공하는 시설과 돌봄서비스가 부족한 상황이며 돌봄서비스의 질이 담보되어 있지를 못하다는 게 안타까운 현실입니다.

건강이 나빠져서 노후가 힘든 상황에 처한 노인들에게 장기요양보험이 효자 역할을 하도록 국가의 정책을 잘 세우도록 해야 할 것입니다.

그런데 이 책에서 소개하고 있듯이 요양시설에서 어르신의 존엄케어를 위하여 좋은 돌봄을 실천하고 있는 사례를 보면서 노인요양시설들도 어르신들에게 좋은 돌봄서비스를 제공하려는 많은 노력이 있는 것 같아서 감사를 드립니다.

서울시립남부노인전문요양원이 이렇게 어르신들에게 존엄케어를 실천하고 있다면 많은 노인요양시설들도 돌봄서비스 질적인 면에서 많이 좋아지고 있다는 생각이 듭니다.

우리 대한노인회에서도 노인지원재단을 통해서 서울시립동대문실버케어센터를 수탁운영 중에 있습니다.

이 시설을 통해서 우리나라의 노인요양시설들이 어떻게 운영되며 어르신들에게 어떤 서비스를 제공하고 있는지와 관련제도와 관련법은 이를 위해서 잘 제정되어 있는지를 살펴보며 어르신들에게 양질의 장기요양서비스가 제공되도록 하는 데 일익을 담당하고자 합니다.

이번 『존엄케어를 실천하는 감동의 스토리』 책을 통해서 우리나라의 장기요양시설들이 모두 좋은 돌봄을 실천하는 계기가 되기를 바랍니다.

(사) 대한노인회 회장 **김호일**

"어르신을 존경하고 사랑하는 따뜻한 사랑의 이야기에
감사를 드립니다"

"너는 센머리(백발)앞에서 일어서고 노인의 얼굴을 공경하며 네 하나님을 경외하라."(레위기 19:32)

이 말씀은 백발이 성한 노인이 들어오면 자리에서 일어나 예의를 표하고 나이 든 어른들을 공경해야 한다. 이것이 하나님을 두려워하는 자들의 태도라고 말씀하고 있습니다.

그래서 이를 실천하고자 서울특별시립 남부노인전문요양원은 35년 전에 여의도순복음교회와 서울특별시가 함께 시작한 노인복지시설입니다.

" 그들이 엘림에 이르니 거기에 물 샘 열둘과 종려나무 일흔 그루가 있는지라 거기서 그들이 그 물 곁에 장막을 치니라."(출 15:27)

우리 교회는 고인이 되신 조용기 목사님께서 이 나라를 이렇게 훌륭한 나라로 만들어주는 데 공헌하신 어르신들에게 감사하고 공경하기 위해서 군포시 산본동에 출애굽기에 나오는 엘림과 같은 쉼이 있는 어르신복지시설을 설립하고 운영하다가 서울특별시에 기부채납을 하여 예수님의 이웃사랑을 실천하셨습니다.

그렇게 설립된 '**엘림**'이 기부채납 후에 '**남부**'로 변경되어 지금까지 예수님의 사랑을 실천하고 있습니다.

이번에 발간되는『존엄케어를 실천하는 감동의 스토리』를 통해서 어르신들의 존엄케어를 위해서 좋은돌봄을 실천하는 모습을 잘 보여주신 한철수 원장님께 감사를 드립니다.

한철수 원장님은 우리 교회의 장로로서 예수님의 사랑을 노인요양현장에서 몸소 실천하고 있는데 남부의 전신인 엘림의 창립부터 함께해 오신 분입니다.

그 수고가 이 책을 통해서 결실을 맺은 것 같아서 감사를 드리며 앞으로도 우리나라의 노인복지발전을 위해서 크게 쓰임받기를 소망합니다.

또한 이 책을 통해서 모든 노인돌봄현장에서 어르신들의 존엄케어가 실천되기를 주님의 이름으로 기도합니다.

여의도순복음교회 담임목사 **이영훈**

"어르신들의 존엄케어를 실천하는 노인요양원!"

한철수 원장님의 책 발간을 진심으로 축하드립니다.

　서울시립남부노인전문요양원은 공단에서 3년마다 실시하는 장기요양평가에서 최우수등급을 받아오는 훌륭한 시설임을 알고 있습니다.
　이 책을 통해서 어르신들의 존엄케어를 위해서 다양하고 질 높은 좋은 돌봄서비스를 실천하는 모습을 보면서 일선 돌봄현장에서 많은 노력을 하고 있는 것에 감사를 드립니다.

　우리나라는 어느 나라도 경험하지 못한 짧은 시간 내에 초고령사회를 맞이하고 있는 시점에 와 있습니다.
　초고령사회를 앞두고 노인장기요양보험은 국민들의 사랑을 받으며 어르신들의 만족도가 높은 훌륭한 정책으로 평가받고 있습니다.

　우리나라를 이렇게 발전시킨 공로자들이 바로 지금의 어르신들입니다. 우리 후손들은 공로자이신 어르신들을 잘 공경하고 보살펴 드릴 의무가 있다고 생각합니다.

특별히 건강이 나빠져서 노후가 힘든 상황에 처한 어르신들을 장기요양보험이 효자 역할을 하도록 국가의 정책을 잘 세우도록 할 것입니다.

노인요양시설에서 종사하는 종사자들에게도 열악한 처우를 개선하도록 노력할 것입니다.

저자가 지적한 장기요양보험제도와 관련법도 잘 정비하여 어르신들을 모시는 데 어려움 없도록 하겠습니다.

노인요양원은 어르신들에게 인생의 마지막 정거장이 아니라 삶의 소망과 꿈을 갖는 곳이 되어야 한다고 생각합니다. 그런 노인요양시설들이 되도록 정부에서도 함께 노력할 것입니다.

이 책을 통해서 우리나라의 장기요양시설들이 나아가야 할 방향과 좋은 돌봄을 실천하는 계기가 되기를 바라며 국민들로부터 사랑받는 노인요양시설들이 되기를 바랍니다.

보건복지부 차관 **이기일**

이기일

"서울형 좋은 돌봄을 모범적으로 실천하는
남부노인전문요양원!"

서울특별시에서는 장기요양시설의 서비스 품질 향상을 위해 서울형 좋은돌봄인증 사업을 실시하고 있습니다. 이번에 『존엄케어를 실천하는 감동의 스토리』라는 책을 통해서 좋은돌봄 서비스를 제공하는 모범적인 노인요양시설의 사례를 보게 되었습니다.

서울형 좋은돌봄 인증사업은 2009년부터 시작되었으며 서울특별시에서 장기요양기관을 운영하는 기관들에게 기관 운영 및 돌봄서비스 전반에 관한 표준적 기준을 설정하고 심사를 통해 기준을 충족할 경우에 이를 공인해 주는 사업입니다.

노인장기요양보험제도의 시작부터 장기요양서비스를 실천하신 한철수 원장님께서 그동안 노인장기요양서비스의 발전을 위해서 노력해 오신 여러가지 좋은돌봄을 실천한 사례를 책으로 집필해주셨습니다. 열악한 재정과 환경 속에서도 어르신들의 존엄케어를 위해서 여러 가지 노력한 모습을 볼 수가 있어서 감사했습니다.

이 책을 통해서 인상적인 것은 좋은돌봄을 실천하는 종사자들의 사기충전과 행복을 위해서 도입한 힐링프로그램과 종사자들과 소통하려는 모습입니다. 종사자들이 행복해야 돌봄을 받는 어르신들도 행복할 수 있는 것은 당연한 이치입니다.

앞으로 이 책을 통해서 노인장기요양시설들이 한 단계 발전하는 계기가 되기를 바라고, 국민들에게는 노인요양원에 대한 긍정적 인식을 갖는 계기가 되기를 소망해 봅니다.

서울복지재단 대표이사 **김상철**

"존엄케어로 어르신들에게 신뢰와 사랑을 받는
남부노인전문요양원!"

우리나라에 노인장기요양보험이 도입된 지 15년이 지났습니다. 그동안 노인장기요양보험은 국민들에게 만족도가 높은 훌륭한 정책으로 평가받고 있습니다.

한국장기요양학회는 2013년부터 우리나라 장기요양서비스의 질을 높이고 지속적, 통합적이고 서비스 대상자인 노인이 주체적으로 참여할 수 있는 장기요양 체계를 만들어 가고 지역사회 차원에서 여러 전문가들과 협력을 통해 지역사회 통합돌봄, 커뮤니티케어와 의료-요양-돌봄시스템을 구축하는 데 장기요양 전문가로서 주도적인 역할을 수행하고 있습니다.

우리나라는 어느 나라도 경험하지 못한 짧은 시간 내에 초고령사회를 맞이하고 있는 시점에 와 있습니다. 이에 따라 더 많은 노인요양시설들이 필요한 상황인데 서비스의 질이 담보되어 있지를 못하다는 게 학계나 전문가들의 의견이였습니다.

그런데 「존엄케어를 실천하는 감동의 스토리」의 책 내용을 보면 어르신들에게 좋은돌봄을 실천하고 있는 사례를 보여주고 있어서 노인요양시설들도 서비스 질적인 면에서 많이 좋아지고 있다는 생각이 듭니다.

저자인 한철수 원장은 한국장기요양학회 이사로 우리나라의 장기요양 발전을 위해서 함께 노력하고 있으며, 항상 어르신들의 좋은돌봄을 실천하는 데 많은 노력을 해오고 있는 것을 보아 알고 있습니다.

35년간 사회복지현장에서 헌신하며 어르신들의 존엄케어를 실천해 오신 내용을 이렇게 감동의 스토리로 엮어내신 것을 축하를 드립니다.

이 책을 통해서 우리나라의 장기요양시설들이 모두 존엄케어를 실천하는 계기가 되기를 바라며 모든 장기요양서비스 제공기관, 관련 종사자, 연구자, 정책개발자들의 책상에 꼭 한 권씩 비치하고 활용하실 것을 적극 추천드립니다.

한국장기요양학회장, 한림대학교 의과대학 교수 **노용균**

　사회복지 현장은 치열합니다. 특히 복지의 시장화라고 하는 현장 속에서 복지는 어디로 가야 하는지 혼란스럽기까지 합니다. 어떻게 하여야 우리가 바라는 복지 서비스를 성취할 수 있는지 매우 어려운 상태입니다. 복지 서비스의 경쟁 속에서 살아남아야 하고, 준 시장화라고 하는 명분으로 지도, 점검 및 감사가 실시되고 있는 실정에서 복지서비스는 방향을 상실하고 있는지도 모르는 상태입니다. 사회복지가 추구여야 하는 안심에 의거한 존엄케어를 실현하기 어려운 환경에 처하고 있는 실정입니다.

　그러나 그럼에도 불구하고, 이러한 어려움 속에서도 이를 극복하기 위하여 복지 현장은 자기 나름대로 열심히 하고 있습니다. 그러나 그러한 존엄케어의 전략과 전술을 구체적이고 실제적으로 제시할 지침이 없기에 더욱 혼란스럽기도 합니다. 존엄케어의 방향 제시가 필요한 시기에 한철수 원장님의 이 책은 매우 시의적절한 것입니다. 약 35년이라고 하는 긴 세월 동안 사회복지분야 특히 노인분야에서의 활동과 한국노인복지중앙회 부회장과 서울시노인복지협회의 회장과 서울복지재단의 좋은돌봄 인증 위원으로서의 활동, 사회복지사 1급을 비롯한 각종의 자격과 강사 등의 활약이 시기적, 시대적으로 절실히 필요한 존엄케어의 중요성을 절실히 체감하신 것이다. 어르신들의 인권을 중시하며, 존엄을 존중하며 돌보는 좋은돌봄을 구현하는 안내서의 필요성을 체감하신 것입니다. 오랜 기간 동안 노인복지현장의 실천가로서의 축적한 경험과 생각을 누구라도 쉽게 이해하고 실질적으로 도움이 되는 돌봄의 안내서의 필요성을 실현하신 것입니다.

이 책은 노인요양원의 입소에서부터 좋은돌봄을 실천할 수 있는 사례의 제시, 즉 그린케어, 안전한 케어, 보호자를 위한 안심 케어, 각종 시설에서 할 수 있는 여러가지 활동, 스마트 케어, 직원들의 역량강화 교육 내용, 행복한 직장문화, 바람직한 노사위원회, 안전한 시설관리, 보험료의 관리 등등 본인의 경험에서 나오는 내용들과 자료들을 구체적으로 제시하고 있는 것입니다.

옆에서, 활동하고 계시는 한철수 회장님을 뵈면서 이 분의 노인복지에 대한 이해와 열정을 느낄 수 있었습니다. 또 문제를 풀어가시려고 하는 지혜로움과 경험도 알 수 있었습니다. 이러한 지혜와 열정과 통찰력, 경험 등은 좋은돌봄 문화를 창출하시고 이끌어가시는 데 충분하다고 느낍니다. 이 책을 기반으로 사회복지현장이 나아지기를 바라고 그 목적을 실현하기를 바라는 모든 분들에게 큰 힘이 될 것으로 믿습니다.

지금 처해 있는 자리에서 돌봄문화를 꿈꾸고 고민하는 모든 전문인들과 사회복지 현장 분들에게 이 책을 적극 추천합니다.

서울신학대학교 사회복지학과 명예교수,
한국사회복지대학교육협의회 전 회장 **정광현**

　책은 노인요양원에 대해 알고 싶어하는 사람들은 한 번은 읽어보아야 할 책이다. 그간의 노인요양시설에 관련된 책들은 외국 사례 소개나 돌봄서비스 및 요양시설 소개 등에 국한된 경우가 대부분인 반면, 이 책은 노인요양시설의 일상을 통해 노인요양시설에 대한 이해를 돕고, 노인요양시설 운영과 관련된 좋은 돌봄 실천 사례를 소개하고 있기 때문이다.

　저자는 노인요양원을 운영한 경험을 바탕으로 요양시설에 대한 편견에서 벗어날 수 있도록 요양시설에서의 일상을 중심으로 이야기하고 있다.

　우리가 흔히 노인요양시설이라고 하면 치매와 뇌졸중 등으로 더 이상 회복이 어려운 노인들이 마지막으로 가는 곳으로 인식하고 있으며, 시설에서 생활하는 노인들에 대한 인권은 크게 보호받지 못하는 곳으로 생각하는 경우가 많다.

　그러나 이 책은 오히려 노인요양시설이 노인들의 삶의 활력이 넘치는 곳이며, 존엄한 케어를 통해 노인들의 인권이 보호받는 사람 사는 공간임을 이야기한다.
　또한 이 책은 노인요양시설을 운영하거나 앞으로 운영하려고 하는 사람들을 위한 안내서이기도 하다. 질 높은 요양서비스를 제공하기 위해 운영자와 실무자는 어떤 지식과 자질, 그리고 태도를 가져야 하는지에 대해서 기술하고 있다.

특히 노인요양시설들 내 노동조합 등의 설립이 많아지면서 여러 가지 어려움을 겪는 상황에서 시설에서 생활하고 있는 노인들이 행복하기 위해서 종사자가 행복해야 한다는 철학을 가지고 노사가 상생하며 만들어가는 요양시설에 대해 안내하고 있다.

2023. 12. 15

이화여자대학교 사회복지학과 교수 **정순둘**

"좋은 돌봄이 살아 숨 쉬는 장기요양현장!"

저자인 한철수 원장은 그동안 노인복지실천 현장에서 좋은 돌봄을 몸소 실천하고 있는 분으로, 이 책을 통해 우리는 좋은 돌봄이 살아 숨 쉬는 장기요양현장을 만나게 된다.

"원장은 직원이 1순위이여야 하고 직원은 돌보는 어르신이 1순위가 되어야 한다"는 신념을 갖고 직원들이 행복한 직장생활을 할 수 있도록 여러모로 노력하는 모습은 바람직하다고 생각한다. 최근 들어 노인요양시설에서 종사자를 구하지 못해 운영에 어려움이 많다는 소식을 많이 듣고 있다. 돌봄종사자들의 업무강도에 비해서 제공되는 처우가 낮다는 현실과 무관하지 않다.

종사자들의 근로환경이나 처우에 대한 근본적인 개선이 이루어지지 않다면 이러한 구인난은 더욱 심화될 것으로 본다.

이러한 상황 속에서 이 책이 보여주고 있는 직원들의 행복을 위한 다양한 노력들은 의미하는 바가 크다.
직원들이 행복해야 돌보는 어르신들에게도 기쁨으로 행복을 나눠드리게 된다는 것은 당연한 일이다. 이 책이 모든 노인요양시설들이 종사자들의 행복을 위해서 고민하고 노력하는 계기가 되기를 바란다. 한편, 이 시설에서 실천하고 있는 케어팜의 모습은 어느 유럽의 노인요양시설을 연상시킨다.

도심에 있는 시설임에도 이렇게 좋은 자연환경을 갖고 있다는 사실이 감사하다. 이곳에서 생활하시는 어르신들이 스스로 야채도 심고, 감자도 캐면서 자연과 어우러져 그 속에서 치유의 생활을 하시는 모습이 참 아름답게 느껴졌다.

이 책은 장기요양현장의 종사자와 운영자, 그리고 대상자와 가족이라는 다양한 관점에서 접근하고 있으며, 저자의 경험이 담긴 풍부한 실천 방법과 사례들은 그 자체로 하나의 지침서가 될 것으로 기대한다.

백석대 사회복지학부 교수 **서동민**

목차

들어가며 · · · · · · · · · · · · · · · · · 4
추천사 · · · · · · · · · · · · · · · · · · 10

1장 존엄케어는 입소부터 시작된다

1. '입소'에서부터 존엄케어를 실천하다 · · · · · · · · 30
2. 존엄케어를 통해서 어르신을 감동시키다 · · · · · · 37

2장 존엄케어의 시작은 직원들의 행복에서 시작된다

1. 직원들을 가장 행복하게 하라 · · · · · · · · · 48
2. 신입직원을 정착시켜라 · · · · · · · · · · · · 54
3. 직원들이 신나게 일할 맛이 나도록 감동시켜라 · · · 58
4. 노사가 하나가 되라 · · · · · · · · · · · · · 64

3장 존엄케어란! 어르신의 행복이다

1. 선진 돌봄기술을 도입하다 · · · · · · · · · · · 72
2. 존엄케어를 위한 우리 시설의 돌봄기술을 소개하다 · 75
3. 자연친화적인 돌봄을 도입하다 · · · · · · · · 81
4. 인권친화적인 돌봄을 실천하다 · · · · · · · · 89
5. 어르신~ 마음의 문을 열다 · · · · · · · · · · 95
6. 원장님~ ○○○어르신! 응급상황입니다~ · · · 107
7. 나~ 걸어서 집에 가고 싶어~ · · · · · · · · · 119
8. 고령자 친환경식사를 통하여 존엄케어를 실천하다 130
9. 어르신들의 안전을 위하여 5제로운동을 실시하다 · 139
10. 치매전담실을 통하여 존엄케어를 실천하다 · · · 146
11. 스마트 케어를 통한 존엄케어를 실천하다 · · · · 154
12. 원내에 TV방송국을 개국하다 · · · · · · · · · 161
13. 사례관리를 통하여 존엄케어를 실천하다 · · · · 164
14. 가족들이 감동하는 존엄케어를 실시하다 · · · · 168
15. 어르신의 안전을 위해서 화재 및 재난에 대비하다 179

4장 좋은돌봄을 위하여 직원들의 역량을 강화하라

1. 장기요양평가에서 전국 3위 했어요~ · · · · · · 186
2. 전문성을 갖춘 직원을 만들다 · · · · · · · · · 188
3. 직원들의 역량을 강화하라 · · · · · · · · · · 199
4. 최고의 자기개발왕을 찾아라 · · · · · · · · · 207

5장 돌봄 현장에서 겪은 감동의 스토리

1. 팀장이 내 엄마 같다! 내가 왜 이러는지 몰라~ · · · **210**
2. 우리는 인생의 마지막을 지키는 파수꾼! · · · · · **213**
3. "김 선생~ 너무 고마워~ 이제 엉덩이가 안 아퍼요~" **215**
4. 어르신~ 엉덩이에 뭐가 묻었어요? · · · · · · · · **218**
5. "나 오빠(아들)한테 갈거야!! 오빠(아들)가 기다린다고~" **220**
6. 엄마~ 엄마~ · · · · · · · · · · · · · · · · · **224**
7. 어르신 가족의 감동스토리 · · · · · · · · · · · **229**

6장 원장이 소망하는 노인요양원의 미래

1. 종사자를 행복하게 하라 · · · · · · · · · · · · **234**
2. 경영기법을 도입하라 · · · · · · · · · · · · · **238**
3. 노인요양원의 부정적 인식을 개선하라 · · · · · · **243**
4. 자연친화적인 프로그램을 운영하라 · · · · · · · **246**
5. 정서적(마음)케어에 집중하라 · · · · · · · · · **249**

저자 후기 · · · · · · · · · · · · · · · · · · · **252**

부록 · **259**
좋은 요양원은 이렇게 선택하라   장기요양보험제도에 대해서
노인요양시설에 입소하려면?   서울형 좋은돌봄인증제도란?

출간후기 · · · · · · · · · · · · · · · · · · · **269**

1장

존엄케어는 입소부터 시작된다

1.
'입소'에서부터 존엄케어를 실천하다

1) 어르신~ 좋은 집에 오신 것을 환영합니다

"어머님~ 드릴 말씀이 있습니다." 평소 같으면 엄마라고 부르던 아들이 갑자기 정색을 하며 며느리와 함께 무릎을 꿇더니 드릴 말씀이 있다고 한다.

그래서 나는 직감했다. 드디어 올 것이 왔다고….

"그래 무슨 말이니?", "음~ 어머니, 내 월급으로는 애들 교육비도 대기 버겁고 주택 대출금도 갚아야 하고 해서…. 애 엄마랑 같이 벌어야 할 것 같습니다.", "그래? 요즘 어렵구나!"

"음… 으음… 그래서 어머니! 요양원에 가시는 거를 어떻게 생각하시는지….", "알았다~, 조금 시간을 주면 좋겠다.", "네…. 어머니~ 죄송합니다."

그날 밤 우리 가족은 아들은 아들대로, 어머니는 어머니대로 밤새 한잠을 못 주무셨다.

"내가 너희들을 어떻게 키웠는데…. 내가 뇌졸중으로 쓰러져 1년도 못 됐는데 이제 수발하기 어렵다고 나보고 요양원을 가란다. 눈물이 흘러내린다. 한없이 흘러내린다. 먼저 간 남편이 야속하다. 지난 35년이 주마등처럼 지나간다. 그냥 이대로 잠들고 싶다. 아니, 아들 말이 맞다. 나 때문에 손자들 교육도 제대로 못 시키면… 아파트 대출금도 갚아야 한다니까 내가 애들에게 부담을 주면 안 된다. 그래 요양원에 가자. 요즘 요양원은 많이 좋아졌다고 하니 괜찮겠지!"

이런 저런 생각에 밤을 꼬박 새웠다.

아들이 아침에 출근하면서 다녀오겠습니다라며 인사를 하는데 힘이 하나도 없어 보인다. 아들도 밤새 잠을 제대로 못 잤는지 눈이 충혈되어 있다.

며느리도 내 눈치보느라 평소와 같지 않고 피하는 것 같다. 집안 분위기가 싸~ 하다.

"그래 내가 자식들에게 누가 되면 되겠나! 오늘 아들이 퇴근해 들어오면 요양원 가겠다고 얘기해야겠다." 이렇게 마음 먹으니 마음이 편해졌다.

어느 어르신께서 우리 요양원에 입소하기 전의 느낌을 위와 같이 얘기해 준 적이 있다.

그 어르신은 입소하던 날, 밤새 주무시지도 못하시고 눈만 감고 아무 말도 안 하시고 누워만 계셨다. 그 다음날도 드리는 식사와 간식시간 이외에는 계속 누워만 계셨다.

그 어르신께서 느끼신 입소 첫날의 소감이다.

처음에 정해진 숙소로 가니 요양보호사가 다가와 "안녕하세요? 저는 앞으로 어르신을 돌봐드릴 ○○○ 요양사입니다. 이곳에 오신 것을 환영합니다. 제가 앞으로 딸처럼, 며느리처럼 잘 모시도록 하겠습니다. 그럼 먼저 어르신 신체에 무슨 상처가 있는지 한번 살펴보고자 합니다. 괜찮으시지요?" 하며 옷을 벗기며 온몸을 살핀다. 기분이 묘했다. 내 몸을 남에게 다 보여준다는 게 창피하기도 했다. 그러나 이 요양보호사는 상냥하고 친절하게 온몸을 살펴보더니 "어르신 몸이 깨끗하네요~" 한다. 한 방에 4명이 있는데 한 명은 계속 신음소리를 낸다. 한 명은 치매에 걸렸는지 방을 왔다 갔다 한다. 한 명은 밤새 화장실을 들락날락한다. 영혼없는 TV는 누가 보고 있지도 않은데 혼자 떠들고 있다. 아침 5시에는 요양보호사가 와서 불을 켜 "아침입니다. 일어나세요~" 하며 모두를 깨운다. 그리고 요양보호사들이 분주하게 돌아다니면서 기저귀도 갈아주고 세면도 도와준다. 아침밥을 챙겨주고 야간근무자는 "안녕히 계세요~ 집에 갔다 올게요~" 하고 퇴근하고 주간담당 요양보호사가 와서는 "안녕하세요? 저는 ○○○ 요양보호사입니다"라며 인사를 건넨다. 낮에는 프로그램이 있다며 거실로 나오란다. 거실에 나오니 웃음치료선생이 와서 한참 웃기고 간다. 좀 쉬었다가 보니 점심시간! 점심 먹고 낮잠을 좀 잤다. 2시쯤 되니 오후 프로그램이 있다며 거실로 또 나오란다. 밤에는 10시가 되니 "어르신들 이제 모두 주무실 시간입니다~"라며 TV도 끄고, 전등도 끄고 나간다.

대부분 어르신이 요양원에 입소하시면 이렇게 느끼는 감정이며 분위기일 것이다.

우리 요양원은 대기자(200명 정도)가 많아서 입소하려면 입소신청 후 대기해야만 한다. 그래서 빈자리가 나면 입소대기자의 순번대로 연락을 드려 입소하게 된다.

입소 전에는 입소에 필요한 서류를 준비하시라고 안내해 드리고 있다. 입소에 필요한 서류는 장기요양인정서(시설등급), 주민등록등본, 가족관계증명서, 건강검진서, 골다공증검사서이며, 개인의복 및 물품을 가져오시게 한다.

2) 어르신~ 그동안 어떻게 살아오셨는지요?

입소 첫날에는 사회복지사, 간호사, 물리치료사, 영양사, 요양보호사, 어르신, 보호자와 함께 입소사정회의를 실시한다.

"어르신~ 고향이 어디세요?", "고향? 충청도 천안이유~", "그래유~ 저도 천안이 고향이에유~", "그려? 반갑구먼유~" 이렇게 어르신과 처음 대화를 시작한다. 어르신이 낯선 요양원에 오시면 긴장을 하시게 되므로 긴장을 풀어드리고 안심할 수 있도록 어르신과의 대화를 통하여 공통점을 찾아서 대화를 하는 것이 좋다.(라포 형성)

이렇게 어르신과 소통을 한 후에 입소사정회의를 하게 된다. 초기면접을 할 때 공단에서 발부한 개인별 장기요양이용계획서에 기재된 내용을 참고로 해서 어르신의 질병상황, 어르신의 과거 생활 상황, 가족 상황, 취미, 기호, 좋아하는 음식, 요양서비스 제공 시 주의할 점 등 어르신의 복합적 욕구를 구체적으로 파악하고, 보호자분의 요구사항 등을 수렴한다.

〈입소 사정 및 급여제공계획〉

```
신규 및 입소어르신
       ↓
    욕구 조사
       ↓
    욕구 사정
       ↓
파트별 Case Conference
       ↓
  급여 서비스 계획 수립
       ↓
   급여 서비스 제공
       ↓
   급여 서비스 평가
       ↓
     사후관리
```

| 각층 담당 회의
(사회복지사, 간호사, 조장)
· 과거력
· 생활습관
· 건강상태
· 일상생활 수행 능력
· 보호자 및 어르신 개별 욕구 파악
· 성격
입소 어르신 개별 특성을 파악하여 케어회의 | → 케어 과정 → | · 각층 담당회의를 거쳐서 어르신 케어를 담당하는 요양보호사 교육
· 어르신 서비스 제공
· SS-care 급여기록지 기록
· 서비스 제공지 보호자 발송
· 상·하반기 계획 시 평가회의 및 재사정하여 반영 |

3) 어르신~ 앞으로 이렇게 잘 모시겠습니다

초기면접과 입소사정을 통해서 파악한 어르신의 욕구를 바탕으로 급여제공계획서를 작성하여 건강보험공단과 보호자분에게 통보하고 요양서비스를 실시한다.

"어르신~ 이 분은 어르신을 도와줄 ○○○ 요양보호사입니다. 인사하세요~ 안녕하세요? 어르신을 도와드릴 ○○○입니다. 잘 부탁드립니다. 제가 친정 어머님처럼 잘 모시겠습니다."

"안녕하세요? 저는 ○○○ 간호사입니다. 저는 어르신의 건강관리를 위해서 최선을 다하겠습니다. 하루 3번 식후에 드시는 약도 꼭 챙겨드릴 거니까 잘 드시면 좋겠습니다."

"안녕하세요? 저는 ○○○ 사회복지사입니다. 저는 어르신과 친해지기 위하여 자주 찾아 뵙고 상담할 겁니다. 이곳에서 생활하시면서 어려운 점이 있으시면 말씀해주세요~ 오전에 노래교실과 같은 프로그램을 함께하실 거구요. 오후에도 야외에 있는 중앙정원이나 나눔숲을 산책하실 겁니다. 좋으시지요?"

"안녕하세요? 저는 ○○○ 물리치료사입니다. 앞으로 어르신의 재활을 도와드리도록 하겠습니다. 물리치료실에 오시면 걷기연습도 하시고 찜질도 하시고 다리 아프신 곳에 전기치료도 해드릴 겁니다. 좋으시지요?"

"안녕하세요? 저는 OOO 영양사입니다. 앞으로 어르신의 식사를 책임질 사람입니다. 어르신께서 치아를 치료 중이셔서 음식물을 씹기가 불편하시니까 당분간 영양죽으로 드리도록 하겠습니다. 오전과 오후에 간식도 드리도록 할 겁니다."

이렇게 이곳에서 어르신을 도와줄 직원들의 소개와 하루의 요양서비스 내용에 대해서 간략히 설명드리고 숙소로 이동하시게 한다.

숙소에 와서 같은 방 어르신들과 인사하고 소개를 각자 드리게 한 다음 숙소의 사용방법과 화장실 사용방법에 대해서 안내를 해 드린다.

1개월 뒤에 재사정을 통해서 급여제공계획의 변경유무를 파악하여 급여제공계획을 수립하여 서비스를 제공한다.

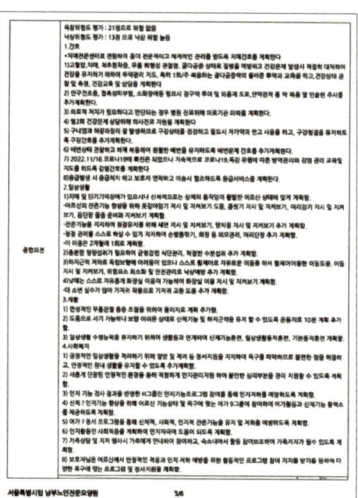

2. 존엄케어를 통해서 어르신을 감동시키다

1) 아침이 밝아 오면~

새벽 5시!

"어르신들 아침 해가 밝았습니다. 일어나세요~"

요양보호사가 각 방을 다니며 어르신들을 깨운다. 4시부터 일어나 새벽예배를 드리는 분, 밤에 늦게 주무셨는지 아직도 꿈나라인 분, 이미 깨어서 돌아다니는 분 등등 요양원의 아침이 부산하다.

요양보호사들은 스마트기저귀시스템[1]에 따라 어르신들의 기저귀 케어를 하느라 분주하다. 일률적으로 기저귀 케어를 하는 것이 아니라 모니터에 나타난 어르신들의 배변 상황을 보면서 개별 맞춤 기저귀 케어를 한다.

그렇게 기저귀 케어를 마친 후에 어르신들의 세면관리 서비스를 해드린다. 혼자서 세면이 어려운 분들은 요양보호사가 일일

---

1. 스마트기저귀 시스템: 기저귀의 배변상황을 감지하는 센서에 의해서 간호스테이션의 모니터에 각각의 어르신들 배변 상황이 모니터에 표시됨에 따라 기저귀를 교체해드릴 수 있도록 하는 시스템임.

이 물수건으로 깨끗이 씻겨드린다.

그러는 가운데 야간 담당간호사는 각방을 다니면서 어르신들께서 밤새 잘 주무셨는지, 건강상태는 어떠신지를 라운딩하면서 활력증후 등을 체크한다.

2) 아침식사

새벽 5시! 당일 어르신들에게 제공할 신선한 식자재가 입고된다.

6시 30분! 조리원들이 출근하여 아침식사 준비에 바쁘다. 영양사가 작성한 메뉴와 레시피에 따라 일반식, 영양죽, 흰죽 등을 만드느라 분주하다.

숙소에서는 7시에 주간요양보호사[2]가 출근하여 야간에 근무한 요양보호사와 함께 아침 식사수발을 준비한다. 밖으로 나와서 식사하실 분들은 휠체어와 보행기로 모시고 나오고, 침상에서 식사하시는 분들을 위해서 침상을 펴드리고 앞치마를 착용해드리는 등 분주히 식사준비를 한다.

"어르신! 아침식사 가져왔어요~ 오늘의 메뉴는 맛있는 고등어 조림에 소고기 무국입니다~"

식당에서는 반찬과 국을 만들어 개별식기에 담아서 식카로 각

---

2. 요양보호사 근무형태: 5조 3교대- D-07:00~:16:00, MD-09:30~18:30, E-12:00~21:00, N-21:00~08:00 휴무

숙소로 이동한다. 숙소에서는 일반식을 하시는 분들에게 압력밥솥에 막 지은 밥을 담아서 국과 반찬과 함께 식사를 제공한다.

혼자 드실 수가 없는 어르신들은 요양보호사들이 일일이 식사 수발을 제공한다. 식사도 정상적으로 일반적인 식사를 하는 분이 있는가 하면 삼킴기능이 떨어져 영양죽을 드시는 분! 소화력이 떨어져 흰죽을 드시는 분! 연하곤란으로 L-tube로 식사하시는 분! 등 다양한 형태로 분주하게 아침식사를 하신다.

식사 후에는 구강관리를 해드리는데, 스스로 양치하시는 분이 있는가 하면 그렇지 못하시는 분들은 요양보호사가 일일이 양치질을 해드린다. L-tube로 식사하신 분은 거즈에 가글을 묻혀서 입안을 깨끗이 닦아드린다. 틀니를 끼신 분들은 틀니를 세척하여 보관함에 넣어드린다. 그렇게 어르신들이 식사를 마치고 나면 식기와 잔반을 정리하여 식카와 함께 식당에 갖다 놓는다.

종전 사용 식기

개선 후 사용식기

3) 오전일과

"국민체조 시작! 하나, 둘, 셋, 넷!"

매일 9시면 어김없이 구내방송을 통해서 아침체조를 하라는 안내방송과 함께 TV에 나오는 체조방송을 따라서 아침체조로 오전 일과가 시작된다.

"○○ 어르신~ 어젯밤엔 잘 주무셨어요?"

체조가 끝나면 각층 담당 간호사들이 어르신들의 혈압, 체온, 맥박수, 호흡 등 활력징후 진단을 실시한다. 이상이 있는 어르신들은 경과를 지속적으로 모니터링해서 이상징후가 발생되면 보호자와 연락 후 병원진료를 다녀오도록 조치한다. 기초생활 어르신들 중에 무연고 어르신의 경우에는 간호사들이 보호자가 되어 직접 병원진료에 동행한다.

"어르신 간식 나왔습니다. 오늘은 햇감자를 쪄왔네요~"

활력징후진단과 어르신 간호상담을 마치면 오전 간식을 제공한다. 간식은 제철과일이나 제철농산물을 제공하기도 하고 농산물로 간식을 요리해 드리고 있다.

간식을 다 드시면 어르신별 건강상태와 질병에 따라 오전 프로그램에 참석한다. 노래교실, 미술치료, 원예치료, 음악치료, 물리치료, 작업치료 등 요일별로 내, 외부강사들이 진행한다.

또한, 자원봉사자들이 오셔서 어르신들에게 이미용 서비스, 안마서비스, 목욕봉사, 청소봉사, 말벗봉사, 휠체어산책봉사 등이 제공된다.

오전 프로그램이 끝나면 점심식사 시간 전까지 조금의 휴식시간이 주어지며 점심식사 전에 식욕을 돋우기 위하여 체조를 실시한다.

4) 오후일과

"어르신 오늘은 목욕하는 날입니다. 목욕준비 같이 해요~"

점심식사 후 조금의 휴식시간을 가진 뒤 어르신들에게 목욕을 실시한다. 각 층에서는 매일 8분의 어르신들을 목욕시켜드리는데, 또 한 번의 전쟁을 치른다.

요양보호사 4명이 한 조가 되어 2명은 어르신을 목욕탕으로 이동하는 일과 침대침구교체 및 침구청소, 갈아입을 옷 등을 준비하고, 2명은 목욕실 안에서 어르신을 목욕하기 전에 탈의를 하고 신체의 구석구석을 살피며, 혹시 상처는 없는지, 욕창은 없는지 등등을 살펴본 뒤에 곧바로 목욕을 실시한다. 목욕 후에는 이동조가 새 옷으로 갈아입힌 뒤 침상으로 이동하여 손발톱을 정리해 드린다. 목욕과 동시에 목욕을 안 하시는 분들은 오후 프로그램에 참석한다. 오후 프로그램을 마치면 간식과 함께 저녁식사 시간까지 휴식을 취한다.

5시 30분 저녁식사를 시작하여 6시 30분에 식사 및 구강관리를 마치고 저녁 휴식시간을 갖는다.

"어르신들~ 이제 주무실 시간입니다~ TV 끄고 불 끄겠습니다."

"안돼 내가 좋아하는 연속극이 9시에 시작한다고~"

"그럼 어르신 다른 어르신들께서 주무시는 데 방해가 되니 거실로 나오셔서 연속극 보세요~"

"김샘~ 수고해~"

12시에 출근한 직원들이 9시에 퇴근한다.

5) 야간일과

"어르신~ 잠이 안 와요? 이리로 오세요. 맛있는 거 드릴께요."

낮과 밤이 바뀐 치매어르신의 대표적인 치매증상이다. 밤에 잠을 못 주무시고 계속해서 숙소 내를 배회하신다. 다른 어르신들의 잠을 방해하기도 해서 야간근무자는 어르신을 가까이에 모시고 안정감을 갖도록 여러모로 노력한다.

야간에는 각층에 3명의 요양보호사가 교대로 휴식과 함께 어르신들을 보살피고, 야간전담간호사가 응급상황에 대비하며 근무하고 있다.

와상 어르신들의 경우엔 주무실 때 욕창이 안 생기도록 2시간마다 체위를 변경시켜드리고, 스마트기저귀 시스템에 따라 배변한 어르신들에 한해서 기저귀케어를 실시한다.

간호스테이션에 설치된 CCTV를 모니터링하면서 어르신들의 수면상태와 움직임을 관찰한다.

코골이가 아주 심한 분! 잠꼬대가 심한 분! 낮과 밤이 바뀌어 배회가 심한 분! 화장실을 자주 왔다 갔다 하시는 분! 등등 어르신들의 수면상태가 아주 다양하게 나타나고 있다.

어르신 중에는 잠을 잘 못 주무시면서 어디가 아프신지 신음소리를 내시는 분이 계실 때 요양보호사가 야간간호사에게 연락하여 체온, 맥박, 혈압 등을 체크하며 어르신의 건강상태를 살펴드리고 있다.

　야간에는 낙상사고, 응급상황 등이 자주 발생하고 있어서 직원들은 긴장하며 어르신들의 움직임을 잘 관찰하고 있다.

　서서히 아침이 밝아오면 어르신들이 밤새 평안하게 주무신 것에 안도하며 새벽을 깨운다.

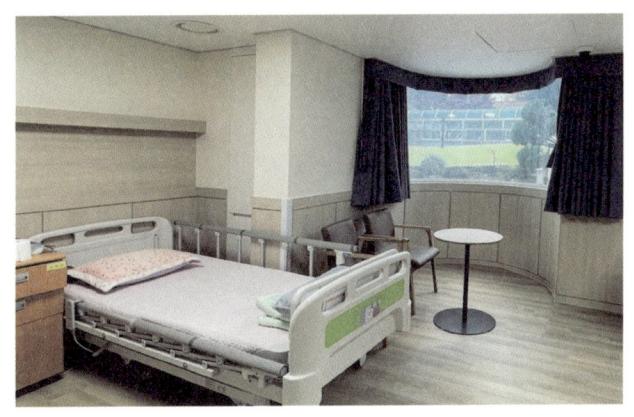

노인요양원의 1일 생활표

시간 / 서비스	일상생활 서비스 내용
05:00-06:40	기저귀 케어, 야간간호사 라운딩, 세안, 식사 준비(피딩 포함), 휠체어 이동
06:40-07:45	아침 식사 수발, 세면 및 구강관리
08:00-10:00	기저귀 교체 및 옷 갈아입히기, 침구 린넨 교환, 청소, 소독, 활력징후 측정
10:00-11:10	오전 간식, 이미용 서비스, 송영 서비스(외출, 병원진료), 프로그램 참여
11:10-11:40	휠체어 이동, 점심 식사 준비 및 식전체조, TV 시청
11:40-12:20	점심 식사 수발 및 구강관리(피딩 포함)
12:30-13:30	점심 식사 후 휴식
13:30-14:00	기저귀 교체 및 체위 변경, 목욕 서비스 준비, 오후 간식 제공
14:00-15:00	목욕 서비스, 손발톱 정리, 세탁물 관리, 송영 서비스(외출, 병원진료), 프로그램 참여
15:00-16:00	기저귀 교체 및 체위 변경, 프로그램 참여
16:00-16:40	휠체어 이동, 건강 체조 참여, 저녁 식사 준비(피딩 포함)
16:40-17:20	저녁 식사 수발 준비(피딩 포함)
17:30-18:00	저녁 식사 및 뒷 정리, 구강 관리 세면 관리
18:00-19:50	휠체어 이동, 기저귀 교체 및 체위 변경, 옷 갈아 입히기, TV시청
19:50-21:00	개별 휴식시간 및 취침준비
21:00-24:00	취침시간(숙소라운딩) 기저귀 교체 및 체위 변경
01:00-04:00	어르신 취침시간(체위 변경)
04:00-05:00	회음부 청결 관리, 기저귀 교체 및 체위 변경
05:00-06:40	기저귀 케어, 야간간호사 라운딩, 세안, 식사 준비(피딩 포함), 휠체어 이동
06:45-07:45	아침 식사 수발, 세면 및 구강 관리, 목욕 준비

2023년 10월 프로그램 계획표(소망마을)

구분	일요일	월요일	화요일	수요일	목요일	금요일	토요일
	1	2	3	4	5	6	7
오전	11:20 현실인식/ 국민체조	11:00 사회적응 (1실,2실)	11:00 마사지 1실 지필활동2실	11:20 현실인식/ 국민체조	11:00 개별음악1실 마사지 2실	11:20 현실인식/ 건강체조	11:20 현실인식/ 국민체조
오후	14:00 인지· 지필활동	13:30 현실인식/ 건강체조	13:30 현실인식/ 맨손체조	14:00 작업인지치료 1실, 2실	13:30 현실인식/ 맨손체조	14:00 작업신체활동 1실, 2실	14:00 인지· 지필활동
	8	9	10	11	12	13	14
오전	11:20 현실인식/ 국민체조	11:00 사회적응 (1실,2실)	11:00 마사지 1실 맞춤음악2실	10:30 작업인지치료 1실, 2실	11:00 개별음악1실 마사지 2실	11:20 현실인식/ 건강체조	11:20 현실인식/ 국민체조
오후	14:00 인지· 지필활동	13:30 현실인식/ 건강체조	13:30 현실인식/ 맨손체조	13:30 초막골 나들이 소망드림DAY 16:00 현실인식/ 국민체조	13:30 현실인식/ 맨손체조	14:00 작업신체활동 1실, 2실	14:00 인지· 지필활동
	15	16	17	18	19	20	21
오전	11:20 현실인식/ 국민체조	11:00 사회적응 (1실,2실)	11:00 마사지 1실 맞춤음악2실	11:20 현실인식/ 국민체조	11:00 개별음악1실 마사지 2실	10:30 가족앨범- 가족사진찍는 생신잔치 11:20 현실인식/ 건강체조	11:20 현실인식/ 국민체조
오후	14:00 인지· 지필활동	13:30 현실인식/ 건강체조	13:30 현실인식/ 맨손체조	14:00 작업인지치료 1실, 2실	13:30 현실인식/ 맨손체조	14:00 작업신체활동 1실, 2실	14:00 인지· 지필활동
	22	23	24	25	26	27	28
오전	11:20 현실인식/ 국민체조	11:00 사회적응 (1실,2실)	11:00 마사지 1실 맞춤음악2실	11:20 현실인식/ 국민체조	11:00 개별음악1실 마사지 2실	11:20 현실인식/ 건강체조	11:20 현실인식/ 국민체조
오후	14:00 인지· 지필활동	13:30 현실인식/ 건강체조	13:30 현실인식/ 맨손체조	14:00 작업인지치료 1실, 2실	13:30 현실인식/ 맨손체조	14:00 작업신체활동 1실, 2실	14:00 인지· 지필활동
	29	30	31				
오전	11:20 현실인식/ 국민체조	11:00 사회적응 (1실,2실)	11:00 마사지 1실 맞춤음악2실	※ 10월 생신어르신 ※ -1실: 유순금			
오후	14:00 인지· 지필활동	13:30 현실인식/ 건강체조	13:30 현실인식/ 맨손체조				

2023년 행사일정표

구분	행사명	
1월	절기: 신년하례, 생신잔치	
2월	지역사회: 위문공연(정월대보름), 가족 사진 찍는 생신잔치	
3월	특화: 남부꽃밭(개장식), 가족 사진 찍는 생신잔치	
4월	지역사회: 철쭉동산, 가족 사진 찍는 생신잔치	
5월	가족지지: 어버이날 기념 보호자와 함께하는 가든파티, 가족 사진 찍는 생신잔치	
6월	지역사회: 초막골 나들이, 가족 사진 찍는 생신잔치	
7월	가족 사진 찍는 생신잔치	
8월	특화: 향기로운남부(가을개장식) 및 피맥데이, 가족 사진 찍는 생신잔치	
9월	지역사회: 한가위 맞이 기념 지역사회 초청 가든파티, 가족 사진 찍는 생신잔치	
10월	지역사회: 초막골 나들이, 가족 사진 찍는 생신잔치	
11월	가족 사진 찍는 생신잔치	
12월	절기: 성탄절, 가족 사진 찍는 생신잔치	
연중행사	2023년 특화 가족앨범 – 가족 사진 찍는 생신잔치	
	가족지지: 사랑의 콜센터	
구분	행사명	
절기별	신년하례, 성탄절	
특화사업	"케어팜"과 "나눔숲"	남부 꽃밭(개장식)
		향기로운 남부(가을 개장식) 및 피맥데이
	2023년 특화 가족앨범–가족 사진 찍는 생신잔치	
	게스트 하우스 카네이션 홈	
가족지지	어버이날 기념 보호자와 함께하는 가든파티, 사랑의 콜센터, 보호자간담회	
지역사회	위문공연, 철쭉동산, 초막골나들이, 한가위 맞이 기념 지역사회 초청 가든파티	
기타	QI경진대회	

2장

존엄케어의 시작은 직원들의 행복에서 시작된다

1.
직원들을 가장 행복하게 하라
(원장의 1순위는 직원! 직원의 1순위는 어르신!)

 노인요양서비스는 대면서비스이다. 어르신을 직접 대면하여 돌봄서비스를 제공하는 것이기 때문에 직원들이 어르신을 대하는 자세가 매우 중요하다고 할 수 있다.
 종사자들의 표정에서 진심으로 어르신을 응대한다고 느낄 때 어르신도 마음문을 열고 직원들을 대하게 된다.
 따라서 직원들이 돌봄서비스 일을 하는 데 있어서 만족감을 갖고 임해야 한다. 어르신들을 응대하는 것이 기쁘고 좋아야 한다. 그러려면 직원들이 이 일을 함에 있어서 행복해야 한다.
 요양보호사들의 경우에 50~60대의 여성들이 대부분이다. 이들은 약 45일간의 소정의 교육을 받고 요양보호사 자격시험을 거쳐서 요양시설에서 일하게 된다. 그러나 자격증을 취득했다 하더라도 취업을 하는 경우는 20~30% 정도이다. 취업을 해서도 돌봄일이 너무나 힘들다 보니 이직률이 높은 편이다. 최근엔 요양보호사 구하기가 어려워 요양시설들은 입소인원을 감소하기도 하는 실정이다. 요양보호사 구인이 어려울 뿐만 아니라 조리원 등도 구인이 어려운 실정이다.

이렇듯 직원을 구인하기가 어렵다 보니 직원들이 입사하여 시설에 잘 정착해서 오랫동안 일할 수 있는 환경을 만들어주어야 한다. 그래서 시작한 것이 직원행복프로젝트이다.

석재은 한림대 교수(사회복지학부)는 "요양보호사 자격자 145만5천 명 중 실제 활동하는 요양보호사는 36만2천 명으로 자격자의 24.2%만 일하고 있으며, 요양보호사 평균연령도 57세로 고령화가 심각하며, 요양보호사 이직률도 41%나 된다고 했다.[1]

이직률이 이렇게 높다 보니 요양시설에서는 구인에 어려움을 겪고 있다. 따라서 이직률을 낮추는 것이 무엇보다 시급한 문제이다.

그렇다면 이직률이 높은 이유가 무엇이며 어떻게 하면 이직률을 낮출 수 있을까?

이상조(계명대학교) 교수와 조성숙(계명대학교) 교수의 연구한 바에 의하면,[2] "이직 의도에 동료간의 의사소통 갈등과 감정적 갈등이 미치는 영향이 상대적으로 강한 것으로 나타났으며 상사의 지지보다는 동료지지에 의한 갈등의 완충역할에 주목하여 여러 직종의 조직구성원들 간의 협력과 상호지지, 그리고 조직 적응도를 높이기 위한 직장풍토 조성에 힘써야 할 것이다."라고 한 것과 같이 직장 내 구성원들 간에 상호지지해 줄 수 있는 방법을 찾아낸 것이 "칭찬하자! 친절하자!" 캠페인이다.

---

1. 서울시 어르신돌봄종사자종합지원센터에서 개최한 '경력직 요양보호사 역할 개발 정책세미나'의 주제발표 2018.2.8
2. 노인요양시설 요양보호사의 조직 내 갈등이 이직의도에 미치는 영향과 사회적 지지의 조절효과 (보건사회연구 37(1), 2017, 332-366)

1) 칭찬하라

『칭찬은 고래도 춤추게 한다』의 저자 켄 블랜차드는 무게 3톤이 넘는 범고래로 하여금 멋진 쇼를 하게 만드는 비결은 상대방에 대한 긍정적인 관심과 칭찬, 그리고 격려라고 말한다.

요양원의 특성상 어르신들을 돌봄에 있어서 육체적으로 힘들 뿐만 아니라 치매어르신의 경우엔 정신적 스트레스를 많이 받으며 일들을 한다.

일이 힘들고 어렵더라도 동료들끼리 서로 격려하며 긍정적인 관심을 가질 때 칭찬의 말이 나오게 된다.

그래서 칭찬합시다 캠페인의 일환으로 시설 인터넷 홈페이지에 칭찬합니다 코너를 만들어 직원들과 어르신들의 칭찬글을 올리게 하고 있다.

칭찬합니다

♧ 어르신 섬김에 **최선**을 다하는 **남부 가족**에게 감사의 마음을 전하세요.
- 홈페이지를 방문하는 모든 고객님과 직원이 함께 참여하는 공간입니다.
- 직원들의 친절 서비스에 대한 감사의 마음을 전하고 아름다운 사연과 미담을 나누는 공간으로 선행을 실천하고 타인의 귀감이 되는 분들의 사연을 게시해 주시기 바랍니다.

소망동 "김영수" 어르신을 칭찬합니다.

등록일	2023-06-14	조회수	133
글쓴이	장경숙	첨부파일	

소망동 김영수 어르신은 절대 긍정! 절대 감사~! 마인드로
다른 어르신들을 지지하고 주변을 웃게 만드는 매력이 넘치시는 어르신 입니다!
물리치료실에 오셔도 치료해 주셔서 감사하다고 늘 인사 하시고
웃으시며 노래도 흥얼 거리시는데.. 어르신이 노래를 부르시는 순간 옆에 누워 계시던
같은 방 어르신들 모두 웃으며 노래를 따라 부르시더라고요^^
어르신이 감사하는 마음에 저희도 더 열심히 치료해야 겠다고 다시 한번 마음을 다지게 됩니다^^
감사의 바이러스를 널리널리 퍼트리시는 김영수 어르신을 칭찬합니다!!

이렇게 칭찬의 글이 올라오면 답글을 달게 하여 분기별로 칭찬왕을 선발하여 소정의 선물과 함께 칭찬왕 배지를 달아주고 시설 현관에 칭찬왕 사진을 게시하여 직원들이 칭찬의 글을 많이 올리도록 하고 있다.

2) 친절하라

요양시설에는 어르신 가족들의 면회가 많이 있어서 가족들이 자주 시설을 방문한다. 면회 때에는 면회실에서 면회를 하기 때문에 어르신을 모시고 면회실로 내려와야 한다. 이때 담당직원들은 어르신의 가족들을 대면하게 된다. 가족들 중에는 한 달만에 면회를 오시는 분도 있고, 여러 달에 한 번 면회를 오기도 한다. 그러다 보니 오랜만에 부모님을 뵙게 되기 때문에 그동안 부모님이 어떻게 지내셨는지 궁금하여 담당직원들에게 이것 저것 물어보게 된다.

"우리 어머니는 식사를 잘하시나요? 잠은 잘 주무시나요?" 등등을 질문하게 되는데 직원들이 대충 성의없게 대답을 한다든지, 잘 모른다든지, 퉁명스럽게 대한다든지 하게 되면 그 한 직원의 불친절 때문에 시설의 이미지뿐만 아니라 신뢰도가 떨어지게 된다.

또한 어르신들에게 돌봄서비스를 제공할 때 미소를 띠고 다정스럽고 친절하게 어르신을 대해야 함에도 미소도 없고 퉁명스럽게 어르신들을 돌본다면 어르신들과의 신뢰관계가 형성되지 않아서 결국엔 직원들이 힘들어지게 된다.

직원들 간에도 긍정의 말, 칭찬의 말, 상대방을 세우는 말, 등을 할 때 좀 더 상냥하게 미소를 띠며 친절한 말투로 한다면 서로 신뢰가 더욱 돈독해지며 동료애를 느끼게 된다. 친절한 말 한마디가 그 조직의 분위기를 긍정적으로 바꾸고 화목한 환경으로 변하게 한다.

친절이란? 사람을 대하는 태도가 정겹고 고분고분함을 의미한다. 상대방을 만족하게 하는 자기표현이다. 친절은 예절의 하나이므로 자기를 낮추고 겸손해져야 가능한 것이다. 친절의 구체적인 실행방법으로는 외부강사를 초빙하여 친절CS교육을 통해서 미소를 보내는 것, 밝은 표정을 짓는 것, 말을 부드럽게 하는 것, 인사하는 것, 칭찬을 해주는 것, 자리를 마련해주는 것, 요구를 들어주는 것, 고통을 나누는 것, 전화응대방법, 남을 상대방 입장에서 배려하도록 교육하고 있다.

최근 들어서 보호자들의 민원 때문에 어려움을 겪고 있는 시설들이 많이 발생하고 있다. 이를 최소화하려면 직원들이 친절해야 한다. 그래서 직원들의 친절교육은 필요한 것이며 친절함이 몸에 배도록 꾸준한 교육과 독려가 필요하다.

우리 시설에서는 친절을 몸에 배게 하기 위해서 친절교육은 물론 친절왕을 선발하기 위해서 면회실과 현관에 "친절한 직원을 칭찬해주세요" 함을 만들어 비치하고 있으며 분기별로 칭찬왕, 친절왕을 선발하여 소정의 선물을 지급하고 있다.

2.
신입직원을 정착시켜라

초고령사회로 진입하는 2027년에는 요양보호사가 75만5000명이나 필요할 것으로 보이는데 요양보호사로 근무할 사람은 68만 명으로 예상되어 7만5000명이 부족한 상황이다.[3]

그런데 노인요양시설의 이직률은 평균 33.66%로[4] 우리 시설의 경우도 요양보호사들의 이직률이 계속 증가하고 있다.

모든 요양원마다 요양보호사를 구인하는 데 어려움을 겪고 있으며 지방에서는 요양보호사를 구하지 못해서 어르신 입소를 받지 못하거나 어르신을 퇴소시켜야 하는 지경에 이르게 되었다.

거기에 더해 요양보호사들의 이직하는 기간을 보면 입사 후 1년 미만자에서 더 많이 나타나고 있다.

따라서 어떻게 하면 직원들이 입사하여 잘 적응할 수가 있을까를 고민하다가 멘토제도와 신입직원 100일잔치를 계획하게 되었다.

신입직원들이 3개월간의 수습기간을 잘 마치고 우리 시설의

---

3. 2022. 건강보험연구원, 장기요양요원(요양보호사) 전망
4. 노인요양시설의 요양보호사 이직률과 평가결과의 관련성, 상지대학교, 2022, 석사, 김경옥

가족으로 인정받게 함으로써 애사심과 자긍심을 가지고 함께 오래도록 일할 수 있도록 하고 있다.

1) 멘토 제도를 도입하다

　동일부서의 선임자를 신입직원의 멘토로 지정해서 3개월 동안 업무에 적응하도록 하고 있다. 멘토는 신입직원과 함께 일하며 업무를 배우고 익히게 하고 있으며, 동료간의 의견충돌 또는 서로다른 생각의 차이에 서로간의 이해를 돕게 하고 있으며, 한달에 1회 함께 저녁식사를 하도록 식사비를 제공하고 있고, 한달에 1회 커피숍에서 차를 한잔하면서 애로점과 궁금한 점 등 업무와 관련된 대화를 자유롭게 할 수 있도록 비용을 지불함으로써 신입직원들이 잘 정착하도록 돕고 있다.

　3개월간의 수습기간 동안 멘토의 지도 아래 업무수행을 잘해오고 있는지? 업무능력은 어떤지? 인성은 어떤지?를 멘토가 평가하여 능력을 인정받게 되면 정직원으로 발령을 받게 된다. 그러나 멘토의 평가점수가 안 좋으면 수습기간으로 계약을 종료하게 된다.

2) 백일잔치를 베풀다

　신입직원들이 멘토의 지도 아래 수습기간을 잘 마치고 정직원으로 발령을 받는 시점에 백일축하잔치를 해준다.

　백일축하잔치에는 신입직원이 전 직원 앞에서 수습기간 동안의 감회를 말하게 한 뒤에 축하선물로 명찰, 근무복 2벌, 명함, 결재도장을 지급하고 있다.

백일잔치를 통하여 정직원임을 알리고 정직원으로서의 자부심과 긍지를 가지고 일하게 함으로써 장기근속을 유도하고 있다.

3) 요양보호사 근무형태를 개선하다

요양보호사들의 경우에는 2교대 근무로 인해 근무시간이 길고 야간근무일이 많은 것이 이직률에 영향이 있다고 판단하고 2교대에서 3교대근무로 변경했다.

이때 근무변경을 하면서 근로시간이 줄면서 급여를 삭감해야 했으나 급여를 삭감하지 않고 동결하면서 3교대를 위한 직원의 수도 더 많이 충원하였다.

2교대에서는 매월 10일을 야간근무를 해야 했는데 3교대근무에서는 6~7일 야간근무를 하게 되면서 근무조건이 매우 개선되었다. 근무만족도도 높아졌다.

4) 조리원 근무형태를 개선하다

조리원들의 경우도 이직하는 이유가 주5일 매일 10시간을 강도 높게 일한다는 것이다. 그리고 설거지 하는 시간이 많이 소요된다는 것이다. 이를 해결하기 위해서 주4일, 40시간 근무를 추진했다. 물론 조리원들도 급여를 삭감하지 않았다. 그리고 인원도 2명을 더 채용했다.

또한 설거지 업무를 줄여주기 위하여 초음파 식기세척기를 구입하였다. 초음파 식기세척기는 식기를 일일이 세척하지 않고 초음파 식기세척기에 담가만 놓으면 초음파진동에 의해서 식기를 세척하여 줌으로써 조리원들에게 식기를 세척하는 데 소요되는 많은 시간을 줄여주었다.

이렇게 하여 신입조리원들도 잘 정착하게 되었을 뿐더러 기존 조리원들의 근무조건과 업무개선으로 이직률을 낮출 수 있었다.

물론 신입조리원들도 멘토를 두고 잘 정착하도록 돕고 있다.

3.
직원들이 신나게 일할 맛이 나도록 감동시켜라

1) "나도 연예인~" 푸드트럭, 카페트럭을 부르다

연예인들이 야외에서 촬영을 할 때에 보면 출연자들에게 식사를 제공하기 위하여 푸드트럭을 불러서 식사를 제공하고 있다. 또한 촬영하다가 지칠 때 언제든지 커피나 음료를 마실 수 있도록 카페트럭을 제공하는 것에 착안하여 우리도 이를 도입했다. 직원들이 어르신들에게 돌봄서비스를 제공하면서 누군가에게 수고했다고 격려를 받거나 음식이나 음료를 제공받지 못하고 있는 점을 안타깝게 여기고 우리도 1년에 봄, 가을엔 푸드트럭을 임차하여 직원들에게 맛있는 바베큐 통닭과 떡볶이, 오뎅 등을 제공하고 있다.

무더운 여름에는 커피트럭을 임차하여 직원들에게 시원한 냉커피나 냉음료와 함께 간단한 간식을 제공하고 있다.

직원들은 푸드트럭과 카페트럭이 와서 간식과 음료를 대접받는 것에 대해서 "나도 연예인 같다!"며 매우 자랑스럽고 기쁘게 생각하고 있으며 시설이 이렇게 직원들을 위해서 대접을 해주는 것에 대해서 감사하게 생각하고 있다.

2) 힐링하라

① 국립횡성숲체원 힐링 프로그램

코로나 팬데믹의 상황이 장기화 되면서 직원들이 힘들어하며 지쳐갔다. 그래서 직원들에게 직무스트레스 해소와 심리회복지원을 위해서 국립횡성숲체원 주관으로 무료로 실시하는 1박2일 '대다나다 캠프'에 참가를 하고 있다.

이 캠프의 프로그램으로는 치유숲길트레킹, 반신욕과 차를 마시는 힐링타임, 나무에 인두로 그림을 그리는 치유우드락 등으로 숲속에서 조용히 지내며 힐링하는 것으로 우리나라에는 이런 국립체험숲이 전국에 16개나 운영되고 있다.

우리가 참여하는 힐링캠프가 횡성에서 진행되는 캠프이다 보니 횡성하면 대표하는 음식이 횡성한우여서 직원들에게 마음껏 먹을 수 있도록 제공하였다. 예산만 1천만 원이나 소요되는 무리한(?) 행사이였지만 직원들의 만족도가 매우 높고 매년 캠프에 참여하기를 희망하여 매년 시행하고 있다.

② 국내 힐링여행

서울시의 예산을 지원받아서 3박4일 일정으로 국내 힐링여행을 실시하고 있다. 참가자들은 모든 걱정과 스트레스를 벗어 던지고 해방을 맞는 기분들로 공주의 공산성, 진안의 마이산, 전주의 한옥마을에서 한복을 입고 한옥마을을 걸었으며, 순천국가정원탐방, 한려수도의 바다를 조망할 수 있는 향일암, 밤바다가 아름다운 여수 오동도, 남해 독일마을에서 맥주 한 잔, 동양의 나폴리 통영 동피랑, 만지도와 연대도 트레킹 등으로 힐링의 시간들을 가졌다.

참가 직원들은 각 지역의 향토음식도 먹으며 코로나로 지친 몸과 마음을 치유하고 힐링과 재충전의 시간을 갖게 만든 최고의 일정이었다고 한다.

③ 우수종사자 해외힐링투어

매년 모범직원을 선정하여 직원들의 노고를 치하하고 격려하기 위한 우수종사자 해외힐링투어를 실시하고 있다.

방문 국가는 베트남으로 관광지로 유명한 다낭과 호이안으로 정해서 다녀오고 있으며 태국이나 캄보디아 등으로 선정하기도 한다.

매년 20명 이내로 선정하여 투어를 실시하고 있으며 전액 시설에서 부담하고 있다.

④ 쉐프와 함께하는 힐링식사

직원들의 업무에 지친 마음도 위로하고 격려하기 위하여 1년 4번 정도 이벤트를 실시하고 있다. 직원들을 위한 이벤트로 여름에는 보양식을 제공하기 위해서 호텔급 쉐프가 직접 요양원에 와서 요리를 해서 직원들에게 대접하고 있다.

3월에는 장어덮밥을 제공하고, 6월에는 누룽지백숙, 9월에는 장어구이, 12월에는 초밥과 우동을 제공하고 있다. 이 메뉴는 매년 조금씩 변경하고 있다.

⑤ 행운을 잡아라

원장으로 근무하다 보면 외부기관 방문 시 받은 선물, 보호자분들이 주는 선물, 명절이나 기념식 등에서 받은 선물 등이 제법 많이 들어온다. 이 선물들을 모아두었다가 1년에 서너 차례 요양원의 나눔 숲, 중앙정원 등에서 보물찾기와 행운권 추첨 등을 통해서 모아두었던 선물을 직원들에게 나누어 주고 있다. 보물찾기는 온종일 힘든 업무를 하는 직원들에게 야외에서 잠시 쉬며 힐링할 수 있는 시간을 준 것에 대해서 감사했으며 선물을 받은 직원들은 너무나 행복해했고, 그 선물의 의미를 듣고는 감동하기도 한다.

⑥ 대체인력을 투입하다

코로나 펜데믹으로 감염직원들이 근무를 하지 못하는 상황일 때 서울특별시의 대체인력사업을 통해서 대체인력의 파견으로 직원들이 공석이 된 자리를 채워주었다. 지금은 연차 휴가나 병가로 인해서 공석이 된 자리도 대체인력파견을 통해서 직원들의 어려움을 해소해 주고 있다.

4.
노사가 하나가 되라

1) 원장님~ 하기휴가비를 인상해 주세요~

"이번 하기휴가비를 지급하고자 하는데 근로자 측 의견을 주십시오? 위원장님~ 작년에 하기휴가비로 20만 원을 주셨는데 올해는 물가 인상분도 있고 하니 조금 더 주시면 좋겠습니다. 네. 알겠습니다. 이 의견에 대해서 행정지원팀장의 의견은 어떤지요? 예산이 있는지요? 네, 올해 예산을 검토해서 가능한지를 알아보겠습니다. 네, 알겠습니다. 다른 분 의견은 없는지요? 네, 그럼 행정지원팀에서는 올해 수입예산을 잘 검토해서 인상을 검토해서 보고해 주시기 바랍니다."

이렇게 우리의 노사협의회는 토론문화를 잘 정착시켜 가면서 운영되고 있다. 형식적인 회의가 아닌 노사가 하나가 되는 협의회를 운영하고 있다고 자부한다. 사측 대표는 원장, 국장, 과장급으로 하고, 노측 대표는 각 부서별로 추천받아서 임명하고 운영하고 있다.

노사협의회에서는 사업계획에서부터 예산, 추경예산, 규정개정, 행사 등에 대해서 협의하여 운영하고 있다. 원장이 임의로

결정하여 진행하는 방식보다는 노사위원회를 통하여 중요한 안건을 협의하고 논의하여 결정하고 있다

2) 직원과 소통하다

"원장님~ 저희 층은 너무 덥습니다. 각 호실에 에어컨이 있지만 어르신들이 춥다고 해서 에어컨을 켜지 못하기 때문에 일할 때 너무 덥습니다. 그러니 복도에 에어컨을 설치해 주시고 거실에 에어컨을 보강해 주시면 좋겠습니다."

이렇게 직원들과 소통하기 위해서 분기별로 각 부서별로 다니면서 현장에서 간담회를 진행하고 있다. 현장의 목소리를 현장에서 듣고 해결하기 위해서 진행하고 있다. 이렇게 현장을 다니면서 1년에 4회 정도 간담회를 하다 보니 애로사항이 점점 줄어들어서 이젠 간담회를 해도 건의사항이 많이 감소했다. 그러다 보니 자연스럽게 간담회에서 어르신들의 좋은 돌봄을 어떻게 실천할까에 대한 얘기를 많이 하게 되었다.

① 원장이 직종별로 1일 사원이 되다

원장이 직접 각 부서의 직종별 체험근무를 통해 각 직종의 업무이해와 애로사항을 파악하여 직종별 업무개선사항을 도출하여 해결해 줌으로써 원장과 직원들 간의 소통이 잘 이루어져 좋은돌봄을 실천하고 조직문화발전에 기여하고자 실시하고 있다.

추진배경으로는 각 직종별 직원 간의 업무갈등이 대두되고 있어서 그 원인을 알아보고, 직원들이 현장에서 일하며 어떤 어려움과 애로사항이 있는지? 업무의 강도는 얼마나 되는지? 일하는 현장에서 개선할 사항은 없는지? 업무개선사항은 없는지? 등을 알아보기 위하여 원장이 직종별로 근무부서에서 직원들과 함께 근무체험을 했다.

물론 1일 체험으로 각 분야별 업무를 다 파악하고 알 수는 없지만 그동안 업무보고 등을 통해서, 또한 각 부서 업무현장을 다니면서 체득한 간접 체험이 있었기에 직접 체험을 통해서 더 많은 업무내용을 파악할 수 있었고 직원들이 겪고 있는 어려움 점을 좀 더 가까이에서 알 수 있었고 업무개선을 마련하는 기회가 되기도 했다.

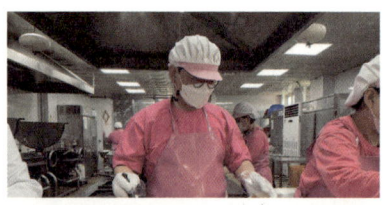 

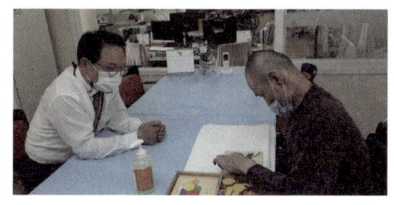 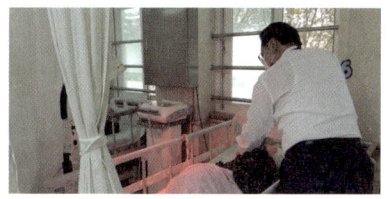

② 편히 쉴 수 있는 휴게공간을 만들다

직원휴게실이 좁고 쉴 수 있는 공간이 부족해서 사랑동 다동 1층과 행복동 3층에 침실 2개와 차 한 잔 하며 쉴 수 있는 공간을 확보해 놓았다. 휴게실에는 커피나 차를 마실 수 있도록 다과를 비치해 놓았고, 안마기와 발마사지기를 비치해 놓았다.

침실에도 침대를 각각 설치해서 야간에는 2시간 정도 취침할 수 있도록 했다. 침실에도 공기압마사기를 비치하여 누워서 쉴 수 있도록 하였다.

 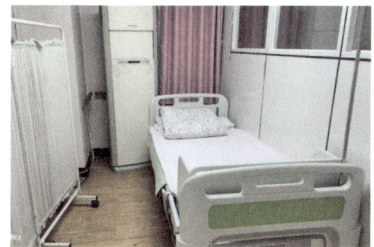

③ 직원들로부터 행복만족도 평가를 받다

직원들에게 행복을 주기 위하여 많은 노력을 한 것에 대해서 직원들은 얼마나 만족하는지를 알아보기 위하여 매년 행복만족도 조사를 실시한다.

그 결과를 가지고 차기년도에는 어떤 부분을 더 보완해서 직원들의 행복을 만족시킬 수 있을까를 고민하고 해결해 나가고 있다.

직원들이 행복해야 어르신들이 행복하게 돌봄서비스를 잘 받을 수 있다고 믿는다.

현재 원장이 받은 행복만족도 점수는 70점 정도로 나와서 앞으로도 계속해서 직원들의 행복을 향상시키기 위하여 노력하고 있다.

〈직원 행복만족도 조사표〉

	질문	매우 만족	만족	보통	불만족	매우 불만족
요양원 만족도	우리 요양원의 각종 정책에 대해 긍정적으로 생각한다.					
	우리 요양원은 어르신(가족)의 기대에 부응하며 다른 요양원보다 수준이 높다.					
	우리 요양원에 대한 우수성과 긍지를 가지고 있다.					
	우리 요양원은 직원들의 행복을 위해 노력하고 있다.					
인사 만족도	본원의 인사규정 및 제도가 적절하다.					
	인사평가 결과는 임금, 승진 등에 적절히 반영되고 있다.					
	각자 직무에 맞게 배치되어 있다.					
근로 조건 만족도	우리 요양원 급여는 타 요양원과 비교했을 때 적절하다.					
	우리 요양원의 복리후생은 다른 요양원과 비교했을 때 적절하다.					
	근무환경은 전반적으로 적절하다.					
	직원식당 운영에 전반적으로 만족한다.					
	연차휴가는 적절히 사용하고 있다.					
	주어진 휴게시간을 적절히 사용하고 있다.					
	직원휴게실에 만족한다.					
직무 만족도	나는 내가 하는 업무에 보람을 느끼고 만족한다.					
	내게 주어진 업무가 자신의 능력과 적성에 적합하다.					
	동료직원들과 팀워크가 잘되고 있다.					
	직위 직무별로 책임과 권한이 명확하고 만족한다.					
	나는 직장에서 어떠한 차별받지 않고 있다.					
의사 소통 만족도	업무 중에 나의 의견이 충분히 반영되고 있다					
	요양원에 본인의 의견이나 생각을 이야기할 기회가 주어지고 있다.					
	직원들의 의견이나 제안이 잘 전달되고 있으며 개선이 이루어지고 있다.					
	직원들이 요양원의 소식이나 정보를 잘 제공받고 있고 공유하고 있다.					
	부서 간에 협력과 의사소통이 잘되고 있다.					
	상.하 직원들과의 소통이 잘되고 있다.					

교육 만족도	요양원에서는 교육이 체계적으로 운영되고 있다.					
	신입직원에 대한 교육이 체계적으로 잘되고 있다.					
	요양원에서 실시하는 교육이 직무에 도움이 되고 있다.					
	요양원에서 실시하는 교육에 만족한다.					
	새로운 것을 배울 수 있는 기회가 주어지고 있다.					
상사 만족도	부서장(상위직급자)은 리더십을 갖고 부서원들에게 업무지도를 한다.					
	부서장은 직원들의 업무능력 향상을 위해 노력하고 있다.					
	부서장에게 불만사항을 언제나 쉽게 이야기 할 수 있다.					
	부서장은 부서의 불만사항을 원만하게 해결한다.					

■ 기타 하고 싶은 말

3장

존엄케어란!
어르신의
행복이다

1.
선진돌봄기술을 도입하다

초고령사회를 경험하고 있는 세계의 여러나라에서는 노인성질환으로 노후를 고통스럽게 생활하는 노인들의 문제를 해결하기 위해서 노인요양시설들이 많이 설립되고 있다.

이 많은 노인요양시설들에서 생활하는 어르신들의 존엄성을 지켜드리며 돌봄서비스를 제공하기 위해서 여러 가지 케어의 기술들을 도입하고 있다.

현재 우리나라에 도입된 케어기술의 대표적인 것이 휴머니튜드케어(Humanitude care)와 퍼슨센터드케어(Person centred care) 기술이다.

이 케어기술들은 어르신들에게 인간의 존엄성을 지켜드리면서 좋은 돌봄을 제공할 수 있는 여러 가지 돌봄실천 방법을 제시하고 있다.

우리나라도 노인요양시설이 많이 생기면서 인권침해에 대한 많은 문제점이 발생하고 있다.

많은 국민들은 인생의 마지막 종착역으로서의 노인요양원으로 생각하고 있고, 어르신들은 죽기 전에는 나올 수 없는 곳으로 인식되며 자유를 구속받는 수용시설로 인권 침해를 받는 곳이라는 부정적인 이미지를 갖고 있는 것이 사실이다.

어르신 중심의 운영보다는 돌봄인력이 부족하다는 이유로, 노인요양시설 중심으로, 돌봄종사자 중심으로 시설을 운영을 해오고 있는 것이 현실이다.

이 문제를 해결하고자 돌봄현장에 도입되고 있는 선진 돌봄기술을 소개하고자 한다.

1) 퍼슨 센터드 케어(Person centred care)

이 기술은 치매를 바라보는 올바른 관점을 제시하고, 증상이 아닌 어르신에게 초점을 맞추는 케어를 실천할 수 있게 돕는다.

주요 실천기술은 치매에 대한 편견제거, 퍼슨 센터드 케어의 본질 이해, 악성 사회심리 제거, 치매케어 종사자의 자질향상, 치매케어의 새로운 문화를 제시하며 현장에서 실천되고 잇다.

치매의 이해와 인간 존중을 실천하는 『퍼슨 센터드 케어』는 영국 브래드퍼드대학의 톰 킷우드 교수가 치매케어의 질을 향상시키기 위해 케어 현장에서 일하는 사람들에게 제시한 철학적 이념인 '퍼슨 센터드 케어'의 개념을 제시하고, 치매환자를 하나의 인격체로 보고 인간중심의 관점으로 치매환자의 상태를 이해하는 방법, 치매케어 종사자에게 요구되는 자질 등을 제시하며 변화시키고 있다.

정서적 케어를 중심으로 내 집과 같은 편안한 노인요양원을 추구하고 있으며, 어르신의 삶의 질 향상이 목표이다. 최상의 기능

수준을 유지시켜 드리고, 어르신 중심의 케어, 어르신의 선택에 근거한 생활기반을 만들어준다.

이를 잘 적용하고 실천하기 위해서는 종사자가 존중받고 적절한 처우를 받을 수 있는 조직문화를 만들어가야 한다는 점을 강조하고 있다.

2) 휴머니튜드 케어(Humanitude care)

휴머니튜드란? 좀 더 나은 관계를 맺기 위한 구체적인 기법으로 "사람이란 무엇인가?"를 묻는 철학적인 관점에서 보는 것이다.

치매환자의 마지막 순간까지 한 인간으로 바라보며 케어대상의 인간다움을 중시한다. 또한 치매환자의 불안감을 완화시키기 위해서 보고, 말하고, 만지고, 서는 4가지 인간의 기본적인 특성을 중시한다.

이 케어기술은 프랑스의 이브 지네스트와 로젯 마레스코티(Yves gineste, Rosette marescotti)가 개발한 것으로 치매환자를 대할 때 "나는 어르신을 소중히 생각한다."는 마음을 전하는 기술이다.

인간으로서 최후까지 간직하고 있는 감정, 근육, 감각을 유지·강화시켜 드려서 치매를 치유하려는 접근 방법으로 인간의 인권과 자유가 존중됨으로써 치매어르신의 삶을 긍정적으로 변화사키려고 노력하는 케어기술이다.

2.
존엄케어를 위한
우리 시설의 돌봄기술을 소개하다

"마음안심케어(Peace of Mind Care)"

 이 기술은 퍼슨센터드 돌봄기술과 휴머니튜드 돌봄기술을 접목하여 장점만 발췌하여 우리 요양원에서 개발한 케어기술이다.
 어르신들의 존엄케어를 실천하기 위해서 인지력이 떨어지고 혼자서 생활하기 어려운 일이 많은 치매 어르신을 한 인격체로 보고 인간으로서의 품격을 유지할 수 있도록 하는 좋은 돌봄을 실천하도록 하고 있다.

1) 마음안심케어 기법이란?
 치매환자의 주관적 세계를 이해하고 받아들이는 돌봄방법이다. 케어자와 치매어르신은 인간으로서 평등하다는 점을 먼저 자각해야 한다.
 존엄케어의 출발은 서로 평등해야 한다는 인식이 중요하다. 치매노인이 사실이 아닌 틀린 것을 말할 때 케어자가 그것을 고치

려고 한다면 이는 평등한 마음을 갖지 않았다는 사실이며 치매노인의 고통을 제거하는 역할을 하지 못한다. 오히려 불안을 증가시키는 결과만 가져오게 된다.

따라서 치매환자가 잘못된 말, 틀린 말, 잘못된 행동, 잘못된 판단 등을 할 때 그 치매환자의 배경에 있는 마음의 상태를 살피고 공감하고, 수용하여 객관적 사실보다는 치매노인의 주관적 현실을 살피는 것이 중요하다.

치매환자는 자기존재의 상실과 관련된 고통이 있다. 본인의 삶의 축적을 통해 얻은 지식과 인연을 서서히 잃어가는 고통은 자기존재의 상실에 관련된 고통이 수반된다. 따라서 치매환자가 느끼는 불안의 근저에는 정신적 고통이 있다. 정신적 고통을 치유하기 위해서 치매환자의 마음 속에 있는 생존의 괴로움을 먼저 이해해야 한다.

이런 치매환자의 마음을 이해하고 안심시켜 평안한 마음을 갖게 해드리려는 기법이 마음안심케어 기법이다.

2) 마음안심케어의 예시 I

"목욕을 거부하는 치매어르신을 위한 마음안심케어"

이 어르신은 왜 목욕을 거부하는지를 알아야 한다. 그 이유는 대부분이 수치심 때문에 자기 몸을 타인에게 맡기기 싫거나 목욕에 대한 트라우마가 있을 수 있다. 이 점을 알고 어르신에게 다가가야 한다.

첫째, 먼저 어르신의 마음을 안심시키기 위하여 밝은 웃음을 띠고 밝은 목소리로 눈을 마주치며 인사를 한다.

둘째, 어르신과 눈 높이를 맞추기 위해 자세를 낮추고 어르신께 가까이 간다.

셋째, 어르신과 악수를 하거나 허그를 하며 등을 가볍게 두드려 준다.

넷째, 어르신이 아는 옛 노래를 부르며 함께 노래를 하게 유도하며 친해진다.

다섯째, 어르신의 마음을 안심시키고 친해졌다면 어르신과 함께 손을 잡고 걷기를 시작한다.

여섯째, 방을 나와 복도를 걷다가 목욕실 옆에 앉아 따뜻한 대야 물에 손을 넣고 함께 놀아준다. 그러면서 목욕을 시켜드릴까요? 물어보면 옷 벗기를 거부하던 치매어르신이 스스로 옷을 벗어 목욕을 하게 된다.

3) 마음안심케어의 예시 II

"**집에 가고 싶다는 치매어르신**(돌아가고 싶다)"

치매증상 중에 배회증상이 대표적인데 이는 방향감각을 잃어버려서 불안하고 초조하기 때문이다. 이 어르신의 경우에는 젊

었을 때 살았던 집으로 돌아가고 싶다는 것이다. 병든 어머니가 내가 집에 오기를 기다리니 여기에 있으면 안 된다. 빨리 어머니한테 가야 한다고 할 때, "어르신 나이가 90인데, 그러면 어머님은 120세 정도가 되는데 어떻게 살아계시냐? 벌써 예전에 돌아가셨어요~"라고 사실을 말한다면 이 치매어르신은 더욱 불안을 증폭시켜서 받아들이지 않으려 할 것이다. 더욱 더 부정하고 어머니에게 가야 한다고 할 것이다.

따라서 이런 경우에는 " 그래요? 그럼 어머님이 많이 아프신가 봐요? 같이 어머님께로 갈까요?"라고 말하며 함께 걸으면 불안한 마음이 감소하게 된다. 함께 걸으면서 주변상황 얘기를 하다가 어머님에게 갈려면 한 시간 정도 가야 하니까 화장실을 들러 갈까요? 하며 화장실을 다녀오면 어머니에게 간다는 사실을 잊어 버리게 되기도 한다.

첫째, 어르신 집에 갈까요?라고 말하며 같이 산책하라.
둘째, 어르신이 좋아하는 노래나 간식을 드리며 집에 간다는 생각을 다른 생각으로 덮게 유도한다.
셋째, 정원을 산책하며 나무 이름이나 꽃의 이름을 맞추게 유도한다.
넷째, 어머님에게 갈려면 한 시간 정도 가야 하니까 화장실을 들러 갈까요? 하며 화장실로 유도한다.
다섯 번째, 그러다 보면 집에 간다는 생각을 잊어버리게 된다.

마음안심케어(Peace of mind care)는 모든 치매환자에게 적용이 가능하다. 그러므로 한 사람 한 사람에게 개별적으로 개성적으로 대응해야 한다. 치매노인이라고 해서 편견을 가지면 안 된다.

치매어르신의 마음을 이해하고 진심으로 그분의 마음과 하나가 될 때 어르신은 평안을 찾게 되며, 케어자도 어르신을 케어할 때 편하게 된다.

치매환자는 근본적으로 기억의 상실로 인한 자신의 정체성이 없어져서 죽음에 이르게 된다는 공포감이 크다.

"자신에게 있어 생명을 넘어서는 가치가 있는 것이 있다면 그것이 그 사람의 종교다."라는 말이 있듯이 치매환자에게 종교는 마음안심케어에 매우 유용하다. 따라서 어르신들이 갖고 있는 종교에 맞는 예배(예불), 말씀과 기도로 대화하면서 마음의 안정을 찾게 도와드리는 것이 좋다.

마음케어의 기본자세는 케어자도 어르신과 같은 존재가 됨을 깨닫고 그런 어르신의 입장에서 어르신과의 친밀한 관계를 만들어가야 한다.

즉, 어르신의 어려움이 곧 내 어려움이라는 생각을 하고 돌보아야 한다. 케어자는 어르신의 고통을 해결해 드림으로써 밥을 먹고 산다는 생각을 가지고 선한 양심을 갖고 돌봄을 실천해야 한다.

치매는 병적인 건망증으로 기억의 일부가 완전히 없어지는 증상이다. 종국에는 모든 기억이 사라지며 움직일 수도 없다가 죽음을 맞이한다. 이러한 치매환자라 해도 요양원에서 행복하게 생활할 수 있다면 그곳이 좋은 곳이다.

　이 케어기술은 우리 요양원이 실천하고 있는 초기 도입단계이다. 앞으로 좀 더 기술들이 발전되어 어르신 돌봄에 유용하게 되기를 희망하고 있다. 처음에는 기다려야 하고 시간이 많이 소요되지만 점점 시간이 지나며 돌봄효과가 나타나서 돌봄종사자들의 업무가 감소되고, 비용도 감소되며, 종사자들의 직무만족도가 향상되고, 이직률 감소, 고객만족의 증가, 직원의 조직 헌신향상에 따른 수익도 증가하며 궁극적으로는 어르신 존엄케어를 통하여 노인요양 시설의 긍정적 이미지가 나타나기를 기대해 본다.

〈마음안심돌봄서비스〉

3.
자연친화적인 돌봄을 도입하다

"자~ 지금부터 케어팜 개장식을 시작하겠습니다~ 박수~"

겨울내내 움츠렸던 땅의 기운이 올라온다. 케어팜에서 봄의 전령들이 어르신들을 오라고 손짓을 한다. 각 부서별로 케어팜을 구획별로 추첨하여 케어팜의 농사가 시작된다.

어르신들과 직원들이 나와서 밭에 거름을 주고 이랑을 만들고 상추, 고추, 가지, 들깨, 치커리, 갓, 당근, 부추, 열무, 케일, 호박, 감자 등의 모종을 심는다.

가끔씩 어르신들과 직원들이 나와서 어린 모종에 물도 주면서 싹이 자라는 모습에 생명의 신비함과 옛 추억을 떠올리곤 하신다.

어르신들은 채소를 집앞 텃밭에서 직접 키워 식재료로 삼으셨던 세대이기 때문에 케어팜에서 채소를 키우시는 게 새롭게 느껴지지는 않으시나 실내에만 갇혀 있는 것보다는 야외로 나오셔서 자연과 함께 봄을 느끼시며 텃밭을 일굼으로써 정서적으로 매우 안정된 생활을 하시게 되는 것 같다.

우리 요양원이 도심 한복판에 텃밭을 경작할 수 있는 땅이 있다는 것이 얼마나 감사한 일인지 모른다.

1) 케어팜을 운영하다

케어팜(Care Farm)은 돌봄과 농업을 결합하여 사회적 약자를 돌보는 치유농업을 말한다. 치유농업은 우리나라에서는 도입되어 운영되고 있지만 이미 네덜란드를 비롯한 유럽의 많은 요양시설에서 케어팜을 운영하고 있다.

> "네덜란드 소도시 헴스케르크호(Heemskerk)에 있는 치매환자 거주시설 드레이헤르스후버에는 중증치매 노인이 30명 가까이 살고 있다. 침상만 즐비한 우리나라의 요양원과 달리 이곳은 드넓은 농장이다. 농장은 정원과 텃밭, 유리온실 등으로 이뤄져 있고 닭, 당나귀, 염소, 돼지 등 동물들이 자유롭게 돌아다닌다. 노인들이 거주하는 건물은 문을 열면 바로 정원이다. 네 동의 건물에 연령대별로 모여 사는 노인들은 프로그램에 따라 움직이는 것이 아니라 자신의 집처럼 자유롭게 생활한다. 원하는 때에 일어나 동물을 돌보고 텃밭을 가꾸기도 하면서 시간을 보낸다."

이와 같이 유럽의 여러 나라들은 치매어르신들을 위해서 농장과 돌봄을 결합하여 운영하는 노인요양시설들이 많이 있다.

우리 요양원도 유럽에서 운영되고 있는 케어팜을 벤치마킹하여 운영해 보고 싶어서 미약하지만 동물사육을 뺀 케어팜을 운영하고 있다.

국내에는 아직 본격적인 케어팜이 없지만 한국형 케어팜을 만들기 위한 움직임은 활발하다.

이렇듯 우리나라에서도 케어팜에 대한 관심은 높지만 시작 단계이다 보니 아직 개념 정립도 안 되어 있다. 용어도 치유농업, 사회적농업, 케어팜 등이 혼재되어 있다. 치유농업법에 따르면 치유농업은 농업, 농촌을 치유 자원으로 만들어 국민의 신체적, 심리적, 사회적 건강을 돕는 것이다. 갈 길은 멀지만 한국형 케어팜을 꿈꾸는 사람들은 많다.

우리 요양원은 2019년부터 케어팜을 조성하기 위해서 소망동 옆에 있는 나대지의 정리 작업과 구획나누기 작업을 하고 나눔숲으로 올라가는 길에 보도블럭과 나무데크를 설치하는 등 케어팜과 나눔숲을 함께 이용할 수 있도록 조성하였다.

4월초에 케어팜 개장식을 시작으로 5월부터는 상추도 직접 따서 식사시간에 드시게 배려하고 있고 늦가을 배추와 무를 거둘 때까지 자주 케어팜에 나오셔서 다양한 채소가 자라는 모습을 보시게 하며 친환경 야채도 드시게 하고 있다.

또한 케어팜에서 직접 수확한 농작물을 가지고 어르신들과 함께 맛있는 요리를 만들어 먹는 시간을 통하여 여러 어르신들과 친목을 도모하며 실내생활에서의 답답함을 해소시키고자 요리프로그램도 운영하고 있다.

향후 우리 요양원의 주변 마을 분들의 양해가 있다면 닭, 토끼, 양 등 동물도 어르신들과 함께 키우며 진정한 케어팜을 운영하고자 한다.

〈케어팜 및 요리교실 운영사진〉

2) 무장애 치유의 텃밭을 운영하다

"원장님~ 나는 휠체어를 타고 있어서 케어팜에 들어가서 채소를 가꿀 수가 없어서 서운합니다. 케어팜에 휠체어 들어갈 수 있게 해주세요!"

케어팜에는 휠체어를 타신 어르신들은 들어갈 수가 없는 문제가 발생하여 별도의 공간에 휠체어를 타신 어르신들도 이용할 수 있는 치유의 텃밭을 조성하였다.

휠체어가 자유스럽게 드나들 수 있도록 바닥에는 보도블럭을 깔고 나무상자를 만들어서 휠체어를 탄 상태에서도 경작할 수 있도록 하였다.

치유텃밭을 통해서 가족들과 함께 여러 작물을 키우고 수확하는 과정을 통해서 실내에서의 답답함을 해소시켜 드리고 신체적 활동을 통한 심리적 안정감과 힐링의 시간을 제공해 드리고 있다.

무엇보다도 가족들과 함께 경작을 함으로써 가족 간의 사랑을 더욱더 돈독히 하고 있다.

3) 중앙정원에서 산책과 야외행사를 진행하다

사랑동 어르신들이 밖으로 나와서 산책할 수 있는 공간을 만들어 드리기 위하여 사랑동과 행복동 사이에 있는 공간을 중앙정원으로 만들었다.

어르신들이 안전하게 산책할 수 있도록 나무데크를 설치하였고, 산책로 중앙에 다양한 수목과 꽃들을 식재했다.

산책로의 행복동 쪽에 넓은 공간을 확보하여 그곳에서 야외활동 프로그램을 운영하기 위하여 대형 그늘막을 설치하였다.

중앙정원에서 생신잔치, 명절행사, 가족간담회, 직원간담회, 여러 가지 행사들을 실시하고 있다.

이렇게 자연환경을 최대한 활용하여 코로나 팬데믹 상황에서도 여러 가지 행사와 프로그램들을 진행했고 앞으로도 자연친화적인 각종 프로그램들을 제공할 것이다.

더 나아가 케어팜에서 실시하고 있지 않는 애완동물들도 키우는 것도 검토하고 있다. 애완동물들을 통해서 치유의 활동도 병행해 나갈 것이다.

4) 아름다운 정원을 산책하다

"사랑동은 중앙정원이 가까이 있어서 어르신들이 답답한 실내를 벗어나 산책할 수 있는 데 반해 행복동 어르신들은 산책할 수 있는 공간이 없습니다. 행복동 뒤편에 나대지 공간이 있는데 그곳에 산책할 수 있는 공간도 만들어 주면 좋겠습니다."라고 노사협의회 때 나온 건의사항이다.

건의사항을 해결하기 위해서 복권기금으로 운영하는 산림청 녹화사업에 공모하기로 하고 준비하여 공모한 것이 선정되어 행복동 뒤편의 나대지를 이용하여 어르신들이 산책할 수 있는 나눔숲을 조성하게 되었다.

코로나 팬데믹 상황에서도 어르신들은 답답한 실내를 벗어나 나눔숲에서 산책을 할 수가 있었다. 나눔숲에는 다양한 수목과 다양한 꽃과 야생화를 심어서 산책하며 볼거리를 제공해 드렸고, 어르신들에게 회상요법을 통한 심리적 치유를 위하여 한옥

담장과 장독대를 설치해 놓았다. 또한 산책을 하다가 언제나 앉아서 쉴 수 있도록 벤치와 정자를 만들어 놓았다.

매년 이웃 경로당 어르신들도 초청하여 나눔숲에서 음악회도 하고 야외바베큐 파티도 하는 등 지역사회와 함께하는 행사도 진행하고 있으며, 보물찾기, 원예활동, 산책프로그램 등을 운영하며 활용도를 높이고 있다.

〈나눔 숲 운영사진〉

4.
인권친화적인 돌봄을 실천하다

"노인학대 6807건, 5년 새 31% 증가!"

노인요양원에서 노인학대사고가 발생하고 있다는 뉴스가 종종 나오고 있다. 그럴 때마다 노인요양원에 종사하는 사람으로서 부끄럽고 송구하다.

노인인구가 늘어나면서 노인요양시설의 입소자도 증가하면서 노인학대 사례가 증가하고 있다. 그러다 보니 노인요양원마다 노인학대가 발생하지 않도록 많은 노력을 하고 있다.

우리도 노인학대뿐만 아니라 노인인권을 침해하는 일이 한 건도 발생하지 않도록 다양한 노력을 강구하고 있다.

1) 인권감수성 테스트를 하다

전 직원에게 인권감수성이 얼마나 있는지를 알아보기 위해서 ○○케어솔루션의 인권감수성분석센터에 의뢰하여 인권 감수성 테스트 도구를 이용하여 테스트를 실시하고 있다.

서비스제공 과정에서 종사자들의 인권감수성은 매우 중요하다. 감수성이 낮을수록 노인인권침해 가능성이 높기 때문이다.

이에 따라 인권감수성의 테스트를 통하여 종사자들의 인권감수성을 분석하여 낮은 영역을 중심으로 인권교육을 실시하고 있다.

이를 통해서 노인학대예방과 우리 시설의 인권보장 수준을 높이고 있다.

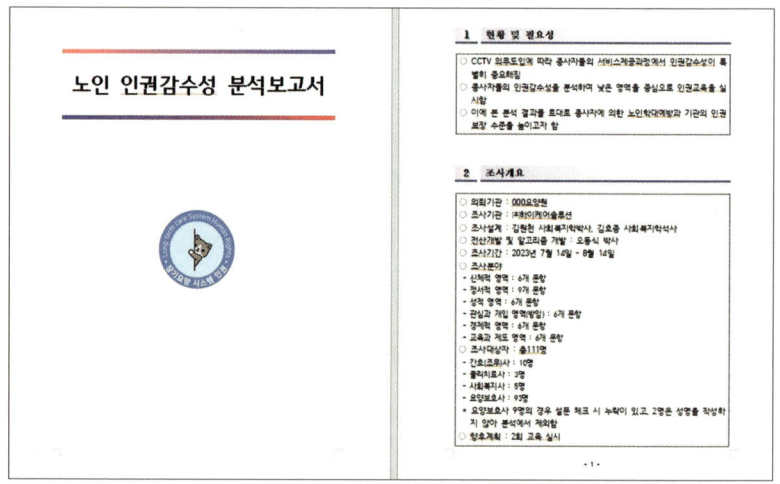

2) 어르신의 인권을 이렇게 보호하다

① 노인 학대심의위원회를 운영하다

노인학대심의위원회에는 사무국장, 행정지원팀장, 사회복지과장, 간호과장, 물리치료과장, 외부위원으로 구성하여 학대신고 접수 시 심의를 하도록 하고 있으며 학대예방을 위한 의견을 수렴하여 시설에 적용하고 있다.

② 노인인권교육을 실시하다

매년 법정교육으로 노인인권교육과 노인학대예방교육을 실시하도록 되어 있다. 이에 따라 우리는 분기별로 1시간씩 연간 4시간 이상 노인인권교육을 실시하고 있다.

③ 인권강화캠페인을 전개하다

어르신들의 인권인식을 강화하기 위하여 여러 가지 캠페인을 실시하고 있다. 노인학대예방을 위한 표어경연대회, 매일 일과 전 노인학대예방을 위한 구호 제창, 한국노인복지중앙회와 서울시노인복지회 노인학대예방캠페인 참여 등을 통해서 어르신인권인식을 강화하고 있다.

④ 인권지도사 양성하다

요양팀장들에게 인권지도사 양성교육과정을 이수하게 함으로써 현장에서 일어날 수 있는 인권침해를 사전에 예방하고 있다.

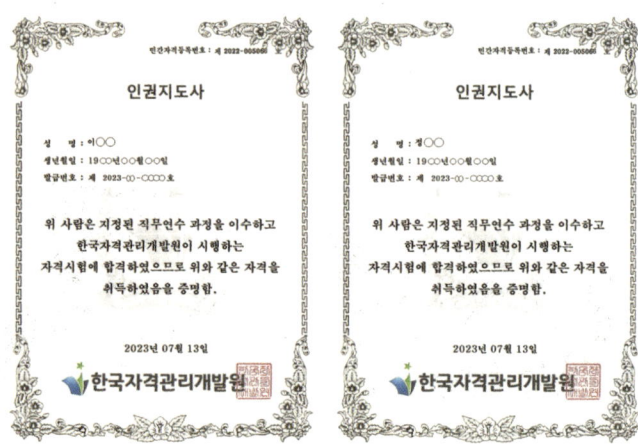

⑤ 인권편지를 보내다

주1회 돌봄현장에서 일하는 직원들을 상대로 인권침해 및 학대사례를 한 가지씩 핸드폰에 SNS로 발송하여 인권보호에 대한 경각심을 갖게 하고 있다.

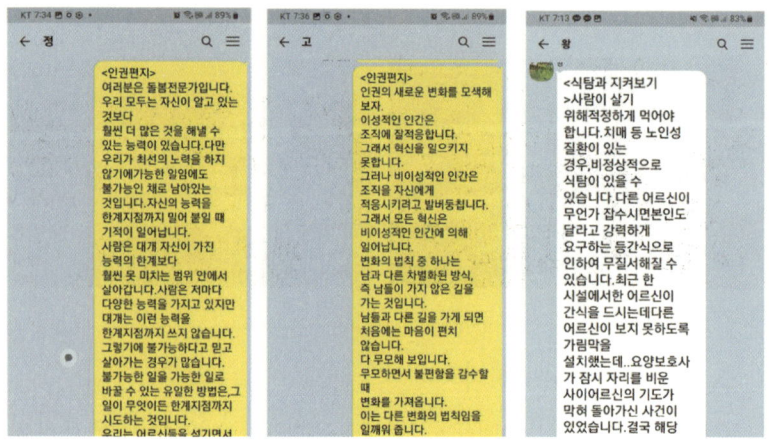

⑥ 인권보호 체크리스트를 작성하다

주1회 요양보호사들이 업무를 시작하기 전에 어르신들의 인권을 보호하겠다는 다짐의 인권보호체크리스트를 작성하게 함으로써 일하면서 경각심을 갖고 어르신들에게 존엄케어를 하겠다는 다짐을 하게 하고 있다.

장기요양기관 노인인권 간이 체크 리스트

월/일: 숙소: 이름:

해당사항에 체크하세요 (해당 사항이 없으면 v, 해당사항이 있으면 O)

1	어르신을 때리거나 밀쳐 상해를 입힌 사실이 없다.
2	어르신을 생활실, 특별침실 등에 가둔 사실이 없다.
3	어르신 신체구속 시 모든 절차를 준수했다. (보호자동의 및 통지, 상태살피기, 기록하기)
4	어르신을 말이나 도구를 사용하여 위협하거나 협박한 사실이 없다.
5	어르신의 물과 식사량을 고의로 줄인 사실이 없다.
6	어르신에게 필요한 약을 투약하지 않은 사실이 없다.
7	허드렛일(빨래, 청소, 잡초제거 등)을 시킨 사실이 없다.
8	어르신의 요구를 무시하거나 왕따 시킨 사실이 없다.
9	고함을 질러 어르신을 놀라게 하거나 조롱하고 비웃은 사실이 없다.
10	어르신에게 반말한 사실이 없다. (혹은 ○○○씨 라고 호칭)
11	어르신을 내다 버린다고 말한 사실이 없다.
12	어르신에게 성희롱 또는 동의 없이 성적 접촉한 사실이 없다.
13	어디서든 가림막 없이 기저귀 또는 의복을 교체한 사실이 없다. (야간포함)
14	목욕실의 문을 열어두고 목욕을 실시한 사실이 없다. (야간포함).
15	허락을 받지 않고 어르신의 신체 사진을 촬영한 사실이 없다.
16	어르신의 개인물품을 동의 없이 처분한 사실이 없다.
17	식사나 간식을 먹던중 질식했으나, 119를 부르지 않은 사실이 없다.
18	시설물관리에 소홀하여 어르신이 낙상 또는 시설물에서 추락한 사실이 없다.
19	체위변경과 기저귀를 제때 교체 하지 않은 사실이 없다.
20	식사, 약, 치료를 거부한다 하여 그대로 방치한 사실이 없다.

오늘도 노인학대예방을 위해 노력해주신 여러분께 감사드립니다.

⑦ 인권방송을 하다

주 1회 원내방송을 통하여 인권침해나 학대사례를 방송해 주기도 하고, 돌봄현장에서 인권침해에 가까운 사안을 방송을 통해 알려주어 인권침해나 학대가 발생하지 않도록 하고 있다.

⑧ 인권모니터링을 실시하다

돌봄현장에서 노인인권을 침해하고 있는지를 점검하고 파악하기 위하여 서울시와 영등포구청에서 인권모니터링을 실시하고 있다. 모니터링 결과를 가지고 모니터링 담당들이 모여서 토의하고 문제점을 개선하고 있다.

5.
어르신~ 마음의 문을 열다
(사회복지서비스)

요양원에서는 생활하시는 어르신들의 안정적인 생활유지와 심리적 안정을 도모하고 행복한 노후 생활을 통하여 삶의 질을 향상시키기 위하여 사회복지팀에서는 상담서비스, 심리사회서비스 등의 프로그램을 운영하고 있다.

1) 저 할망구 다른 방으로 옮겨줘~ (상담서비스)

"김 선생님~ 저 할망구 땜에 한잠을 못 잤어~~ 저 할망구 다른 방으로 옮겨줘요~"

"그러셨어요? 잠을 못 주무셔서 어떡해요? 박○○ 어르신이 밤새 어떻게 하셨길래 잠을 못 주무셨나요?"

"저 할망구가 밤에 화장실을 10번은 넘게 왔다갔다 하면서 시끄럽게 해서 잠 좀 자라고 해도 듣지도 않고 불도 켰다 껐다 하면서 화장실을 왔다갔다 해서 미칠 뻔했어~"

"네~ 어르신~ 알겠습니다. 오늘 저희들이 이 문제를 협의해서 어르신이 불편하지 않도록 해드릴께요~"

요양원에 계신 어르신들은 다양한 질병을 가지고 계시다 보니 이렇게 한 방에 사시면서도 서로의 고충을 호소하는 어르신들이 있다.

　상담을 통하여 어르신들의 안정적인 생활유지를 위한 소통과 더불어 질병으로 인한 역할 상실, 질병으로 인한 일상생활에서 불편함으로 인한 심리적, 신체적인 변화에 따른 우울감과 상실감 등을 치유 받도록 하고 있다.

　또한 정기적인 욕구조사와 의견수렴을 통해 어르신들의 욕구를 이해하고 입소 어르신의 심리적 안정을 도모함으로써 행복한 노후 생활이 이루어지도록 상담서비스를 실시하고 있다.

　아울러 보호자들과의 상담을 통해서도 부모님들이 요양원에 잘 적응하여 생활하실 수 있도록 함께 소통하고 있다.

 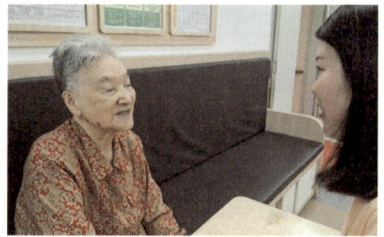

2) 인지기능향상 프로그램을 운영하다

① 음악교실

　전문적인 음악치료사가 어르신과의 정신적 교류를 통하여 정서적 안정을 유도하고 리듬에 맞춰 악기를 연주함으로써 인지기능 장애를 예방하고 잔존기능을 증진시키고 어르신들과 함께 악기를 연주함으로써 협동심도 향상시키고 있다.

② 미술교실

그림이나 만들기 등을 통하여 옛것을 회상하거나 삶의 회상을 통하여 인지기능을 향상시켜 생활의 즐거움과 활력을 얻도록 하고 있다.

③ 원예교실

어르신들을 대상으로 생명력을 가진 식물을 소재로 다양한 원예활동을 통해 얻어지는 새로운 경험과 정서적인 안정감을 경험함으로써 인지기능을 향상하고 집중력을 강화하여 치매예방 및 삶의 활력을 얻도록 하고 있다.

④ 실버인지놀이

구연동화를 통하여 인지기능저하를 예방하고 집중력을 향상시켜 입소생활에 활력을 불어넣어드려 행복한 노후의 삶을 사시도록 하고 있다.

 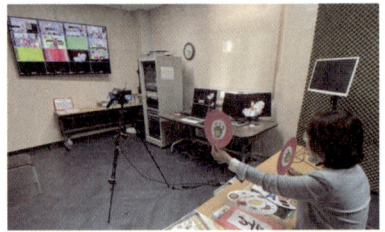

⑤ 사회적응훈련

오늘의 뉴스를 보기, 계절 변화 알아보기, 화장하기, 시장 보기 등 일상 사회가 돌아가는 상황을 인지하도록 도움으로써 사회성 및 인지력을 향상시키도록 하고 있다.

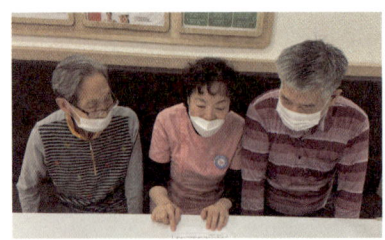 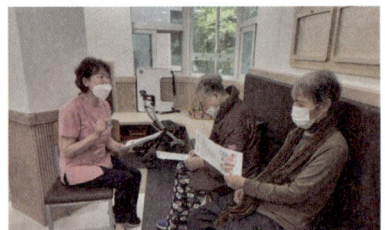

3) 여가생활향상 프로그램을 운영하다

① 웃음교실

요양원에서 생활하시면서 받는 다양한 스트레스와 노년기 신체적 정서적 문제를 웃음치료를 통해서 긍정적이고 낙천적인 생각으로 변화시켜 행복한 노후의 삶을 사시도록 하고 있다.

② 노래교실

동~백~ 아~ 가~~~씨~ 🎵

어르신들이 좋아하는 노래를 부르거나 배우기를 통해서 어르신들의 스트레스를 해소하게 함으로써 기분전환을 통한 일상생활에 활력을 얻도록 하고 있다.

③ 요리교실

추억의 음식이나 새로운 음식을 요리함으로써 자존감과 성취감을 통하여 생활의 활력과 함께 만든 음식을 서로 나누며 즐거운 생활을 하시도록 돕고 있다.

4) 신체기능회복 프로그램을 운영하다

① 금빛 체조

어르신들의 손과 발의 운동을 통한 치매예방체조를 매일 실시하여 치매진행의 속도를 감소시키고 건강을 유지하도록 도와드리고 있다.

② 오감 마사지

어르신들의 신체적 노화에 따른 혈액순환의 저하 및 경직된 관절에 대하여 마사지를 통하여 근육이완 및 혈액순환을 잘되게 도와드림으로써 노화를 완화시키고 혈액순환이 잘되도록 하고 있다.

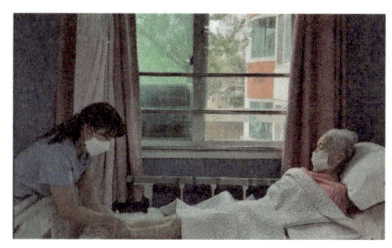
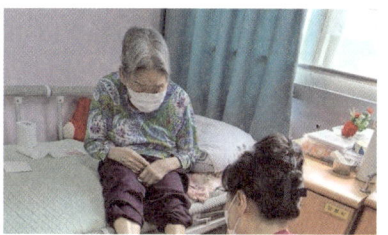

5) 사랑의 콜센터

코로나19 등으로 면회를 할 수 없는 어르신들과 보호자들께 영상통화를 연결하여 직접 만나지 못하는 어르신들의 마음을 위로하고, 가족의 사랑을 나눌 수 있는 의미 있는 시간을 드리고 있다. 이를 위해서 다목적실에 대형화면을 통해서 화상통화를 해드렸고, 각 숙소에 갤럭시탭을 구입하여 수시로 화상통화를 연결하고 있다.

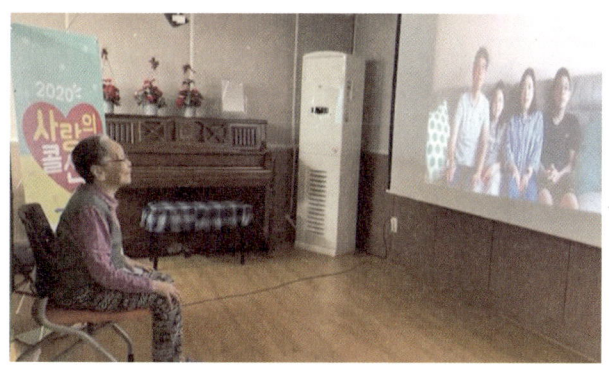

6) 카네이션 홈을 운영하다

"원장님~ 어머님과 함께 이곳에서 하룻밤을 지낼 수 있도록 카네이션 홈을 마련해 주셔서 감사드립니다.", "네~ 방이 춥지는 않았는지요?", "너무나 방이 따뜻했습니다.", "네~ 자주 이용해주세요~"

　우리 시설은 경기도 군포에 위치하고 있어서 부모님을 모시고 서울까지 다녀오기가 부담이 되다 보니 부모님과 함께 집에서 하룻밤을 지내기가 부담이 된다는 말을 종종 들었다. 그래서 그 문제를 해결하고자 의논한 결과 직원들이 사용하고 있는 직원사택이 있어서 그곳의 1실을 임대해서 부모님과 숙박을 할 수 있는 "카네이션 홈"을 개설하였다.

　이곳에 숙박용품, 주방용품을 갖추어 놓아서 부모님과 1박하며 식사도 해결할 수 있도록 했다.

7) 아들?이 면회 왔어요~ 특별한 면회

"어르신 면회 왔어요~."

"그래요? 누가 왔어? 난 면회 올 사람이 없는데….."
"어르신 아들이라고 하던데요?"
"에이~ 농담하지 말아~ 난 아들이 없는데? 누구지?"

지난 추석에 많은 가족들이 맛있는 음식과 선물을 가지고 오셔서 부모님을 찾아뵙고 인사도 드렸고, 외출도, 외박도 다녀오셨다.

그런데 우리 요양원에는 명절만 되면 더 외로운 어르신들이 계신다.

정말 가족이 한 분도 없는 그런 독거어르신도 계시고, 가족이 있긴 하지만 전혀 왕래가 없어서 한 번도 면회를 오시지 않는 어르신도 계시는데 이런 분들은 명절만 되면 더 외롭고 우울해하신다.

명절 때만 되면 같이 생활하시는 어르신들의 자식들, 친척들, 친구들이 면회 왔다며 기쁜 마음으로 면회하러 나가는 모습을 바라보며 많이 부러워하고 한편으로는 외로움을 느끼시는 어르신들이 계셔서 이분들을 위한 "특별한 면회"라는 프로그램을 기획했다.

추석 전날 이분들을 위해서 제가 아들이 되고, 직원들이 자원하여 아들, 딸, 며느리, 손녀손자가 되어 특별면회를 하기로 했다.

직원들이 마련한 선물과 떡과 다과를 준비해서 이 어르신들에게 아들이 면회 왔다고, 친척이 면회 왔다고, 손녀가 면회 왔다고 말씀드리며 면회실로 모시고 내려오게 했다.

"어르신들~ 갑자기 아들이 면회 왔다니까! 손녀가 면회 왔다니까! 깜짝 놀라셨죠? 추석을 맞이해서 오늘은 원장인 제가 아들을 하기로 했습니다. 또, 우리 김 과장이 딸을 하기로 했어요~ 박 선생이 손녀하기로 했는데 좋으시죠?" 하니 어르신들께서 환하게 웃으시며 좋아하셨다.

직원들이 준비한 음식을 같이 먹으면서 얘기하고 선물을 드리니 어르신들께서 눈물을 흘리시면서 "원장님! 아니 아드님!" 하시면서 제 손을 안 놓으시고 그냥 고맙다고… 고맙다고… 하셔서 나도, 직원들도 함께 가슴이 뭉클하면서 눈물바다가 되기도 했다.

"어르신들~ 앞으로 제가 아들 노릇할 테니까 외롭다고 하지 마시고 당당히 살아가시기 바랍니다. 원장을 아들로 두신 멋진 어르신들입니다. 아셨죠!" 하니 너무 좋아하셨다.

8) 다양한 절기와 기념일에 따라 행사를 하다

① 신년하례

매년 새해를 맞이하여 어르신들이 가정으로 가셔서 자녀들로부터 세배를 받지 못하시기 때문에 원장을 비롯한 직원들이 어르신들을 찾아뵙고 자녀들을 대신하여 세배를 드리며 만수무강하시라고 새해인사를 드리고 있다.

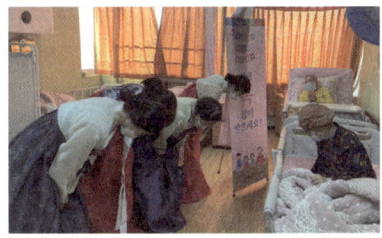 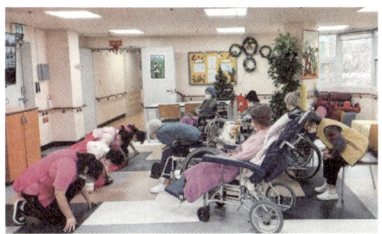

② 추석한가위행사

민족 최대 명절인 추석 한가위를 맞이하여 어르신들에게 고유 민속놀이를 체험함으로 과거의 추석을 회상하도록 하여 일상생활의 활력에 도움을 드리고 있다.

③ 성탄절행사

성탄절을 맞이하여 가족들을 대신하여 보호자들이 보내준 성탄선물을 직원들이 각 숙소에서 선물 전달하여 가족의 사랑 및 성탄절임을 인지하고 기념할 수 있는 시간을 갖고 있다.

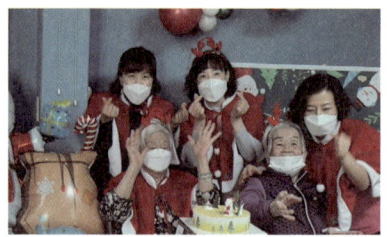

④ 어버이날 축하행사

　어버이날을 맞이하여 어르신들에게 공경과 감사를 드리기 위하여 원장 및 직원들이 카네이션 꽃을 달아드리고 어버이날 축하 노래를 불러드리는 등 어버이의 은혜에 감사하는 시간을 갖고 있다.

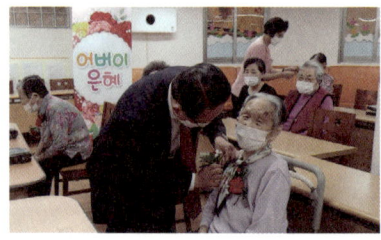

⑤ 가족들과 함께하는 생신잔치

　생신을 맞이한 어르신들의 가족을 초청하여 함께 생신잔치를 진행하고 축하하는 시간을 가져 노년기 생활에 자존감 향상과 원내생활의 활력을 도모하고 있다.

6.
원장님~ ○○○ 어르신! 응급상황입니다~
(의료 서비스)

"원장님~ 신○○ 어르신께서 갑자기 호흡이 빨라지고 체온도 38도까지 올라가고 산소포화도도 70까지 떨어지며 응급상황이 발생했습니다. 119에 전화했고, 보호자에게 연락하는 중에 있습니다."

"알았어요~ 매뉴얼에 따른 응급조치를 잘해서 어르신이 위험에 빠지지 않도록 최선을 다해 주세요!"

요양원에서는 이런 응급상황이 자주 발생한다. 그래서 간호팀은 항상 24시간 대기상태로 지내야 한다. 언제 응급상황이 발생할지 모르기 때문에 간호인력은 항상 긴장하며 어르신을 돌보고 있다.

간호팀에서는 입소 어르신들의 개인의 질병 상태를 파악하고 문제 행동 유형에 따른 분석을 통하여 환경, 식이, 신체 상태의 유지 및 질병관리를 지원함으로써 신체 퇴화의 영향을 최소화하는 데 노력하고 있다.

건강관리를 통한 어르신들의 건강 증진에 더욱 힘쓰며 지속적인 의료서비스를 제공하여 요양원에서의 평안함을 유지하고 가족들이 안심하고 부모님을 맡길 수 있도록 최선의 노력을 하고 있다.

요양시설에서는 다음과 같은 간호서비스를 제공하고 있어서 이를 소개한다.

1) 존엄케어를 위한 간호계획을 수립하다
① 간호사정을 하다

장기요양인정 계획서에 명시되어 있는 내용을 바탕으로 어르신별로 감각인지 정도, 피부 수분 여부, 활동 상태, 움직임, 영양상태, 마찰력과 응전력 평가를 통하여 욕창 위험도 평가를 실시한다.

어르신의 연령, 낙상도, 균형, 인지기능, 정신상태(초조, 우울, 불안정도), 시력, 의사소통, 복용하고 있는 약물, 만성질환의 유무 등을 통한 낙상 위험도 평가를 실시한다.

또한 어르신의 건강수준 평가 및 간호기록을 통해 어르신의 전반적인 건강수준 평가를 실시한다.

이렇게 어르신의 질병상태, 현재 가지고 있는 튜브의 종류, 기저귀의 유무, 욕창 방지도구 사용 여부, 활력 증후, 체중과 체중 변화, 과거 병력과 현재 가지고 있는 병력, 현재 복용하고 있는 약물의 종류, 의식 상태, 정서 상태 등 어르신의 모든 건강정보를 조사하여 평가하고 있다.

② 간호계획을 수립하다

간호사정을 통해 평가한 어르신 건강상태를 바탕으로 어르신에게 맞는 간호서비스를 제공하기 위한 계획을 수립한다.

어르신의 건강상태에 맞도록 간호계획을 수립하고 제공하였다면, 그 후에는 계획한대로 어르신에게 서비스가 제공되었는지 평가한다.

충족되지 못한 서비스에 대해서는 다음 간호계획 수립 시 계획하여 제공될 수 있도록 하고 있다.

입소한 어르신들은 면역력이 낮고 다양한 보유질환을 가지고 계시기 때문에 언제라도 응급상황이 발생될 수 있다는 상황하에 간호계획도 수립을 하고 있다.

매번 재사정시 어르신의 건강이 악화되지 않거나 건강이 더 좋아지는 경우에는 너무 감사한 마음이 든다.

입소 시 사정회의

2) 정성스런 간호로 어르신을 감동시키다

① 어르신~ 잘 주무셨어요? 아픈 데는 없으신가요?

담당 간호사는 오전 숙소 라운딩을 하며 어르신의 건강상태를 확인하고, 활력징후 측정을 통해 혈압, 맥박, 체온을 체크하여 건강의 이상이 없음을 확인한다. 고혈압 대상자인 어르신들은 혈압 강하제를 복용하고 있어 간혹 혈압이 높거나, 낮게 체크되는 경우에는 며칠 동안 체크한 혈압 수치를 가지고 계약의사 진료를 시행하여 어르신의 혈압약 복용여부를 확인하고 계약의사 진료 내용을 보호자와 공유하며 약을 처방받아 오도록 안내하고 있다.

당뇨를 진단받은 어르신들은 혈당 강하제를 복용하고 있고, 주 1회 식전혈당을 체크하고 식후 혈당은 월 2회 실시하고 있으며 저혈당, 고혈당 상황에 대처하고 있으며 간혹 간식이나 식사량이 많은 경우는 담당 요양보호사 및 요양보호사 조장과 상황을 공유하고 간식이나 식사량을 조절하도록 하여 혈당 관리를 하고 있다.

활력징후를 체크할 때는 약간의 긴장감이 항상 있다. 어젯밤 어르신이 편안하게 잘 주무셨으면 활력징후가 안정적이나, 야간에 수면이 부족했거나 밤새 배회하며 못 주무신 어르신의 경우에는 활력징후가 불안정할 때도 있다. 그런 어르신이 계신 날은 유심히 어르신을 보게 되고, 어르신의 변화에 민감하게 대처하고 있다.

식사 상태가 양호하지 않은 어르신은 혈당에도 문제가 생기기 마련이다. 식사를 잘 못하는 어르신은 저혈당이 발생할 수 있어 혈당체크를 수시로 진행하기도 하고, 저혈당이 관찰되었을 때는 설탕물, 초콜릿을 드실 수 있도록 하여 혈당을 유지하기도 한다.

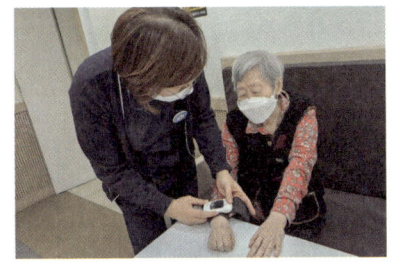
혈압체크

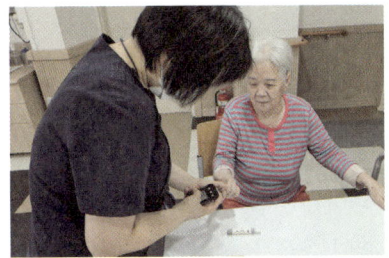
당뇨체크

② 약 드실 시간입니다~

담당 간호사는 어르신마다 보유질환에 따라 복용약을 관리하고 어르신의 건강상태 변화에 따라 약을 조절할 수 있도록 보호자와 수시로 상담을 진행하고 있다.

어르신의 복용약은 대부분 보호자님들이 병원을 방문하여 처방받아 오시고, 어르신이 약을 복용하면서 어르신의 건강상태 중 변화된 부분이 있다면 약처방 시 상담받을 수 있도록 담당간호사가 안내한다.

어르신의 약은 투약일지에 기록하여 약 시작일과 종료일을 정리하고, 종료일이 약 2주 정도 앞으로 다가오면 주보호자님에게 약 종료일을 안내드리고 다음 복용하실 약을 처방 받아오실 수 있도록 안내한다.

③ 피부관리를 하는 시간입니다~

위루관, 비위관, 요루관, 도뇨관 등 튜브를 삽입하고 있는 어르신은 튜브 주위 피부 소독, 튜브 위치 관리, 청결관리를 위생적으로 관리하여 2차 감염이 발생되지 않도록 하고 있다.

④ 어르신! 가래 배출을 도와드릴게요~

어르신은 가래가 생기더라도 스스로 배출할 수가 없어 흡인을 하여 가래를 제거해드려야 하는 경우가 있다. 진해거담제를 복용하기는 하나 약물 복용만으로 증상 완화가 되지 않아 필요 시 흡인간호를 제공하고 있다.

⑤ 어르신! 건강해질 시간입니다~

매주 금요일 가정간호사가 방문하여 어르신들의 튜브교체, 영양제 수액처치 등을 실시하고 있으며 어르신들이 병원을 가지 않아도 영양제를 맞을 수 있어 매우 만족도가 높다.

⑥ 어르신! 소독해 드릴게요~

요양원에서는 규칙적으로 체위변경을 실시하여 욕창이 발생되는 경우는 드물지만, 병원 입원 치료 후 욕창이 발생되어 퇴원하시는 경우가 있어 그런 어르신들을 대상으로 욕창 드레싱을 시행하고 있다.

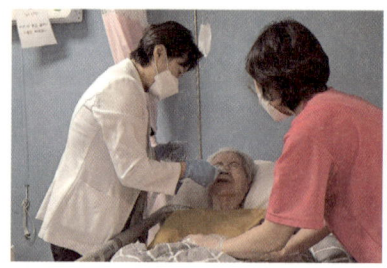

L튜브교체(가정간호사)

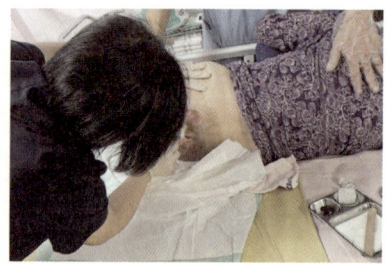

욕창치료

⑦ 어르신 건강 관련 보호자 상담

어르신의 담당 간호사는 어르신의 건강상태를 면밀하게 살피고 이상이 발생했을 경우 바로 연락드려 어르신의 상태를 알리고 상태에 맞는 조치를 취하고 있다.

어르신의 복용 약, 생활하시면서 발생된 의료적인 문제에 대해서는 보호자님과 수시로 연락하여 상황을 공유하고 어르신의 건강관리에 보호자님이 참여하시도록 하여 관리하고 있다.

건강 악화로 입원치료가 필요한 어르신들은 어르신의 건강상태에 따라 보호자님과 연락하여 어르신께서 병원치료를 받게 하고 있다.

 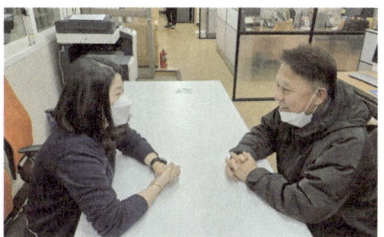

보호자와 상담

⑧ 간호팀에 E 근무자가 있어요(12:00~21:00)

우리 요양원에는 주간간호팀과 야간간호팀으로 구분되어 근무하고 있는데 주간간호팀과 야간간호팀과의 업무연결을 위하여 E 근무자를 두고 있다. E근무자는 오전 12시 출근하여 야간근무자가 출근하는 9시까지 근무하며 응급상황에 대비하고 있다.

⑨ 무연고자어르신은 병원진료에 동행하고 있어요~

무연고자의 외부 진료가 필요한 경우, 혹은 응급상황 발생으로 신속하게 병원 이송이 필요할 때 보호자를 대신하여 동행한다.

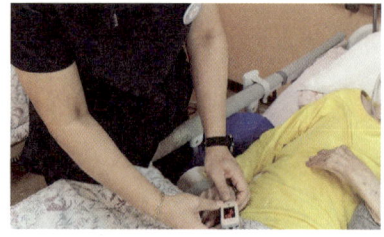
산소포화도측정

고압멸균소독기사용

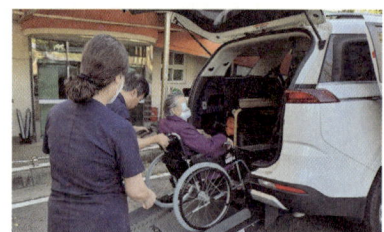
병원동행

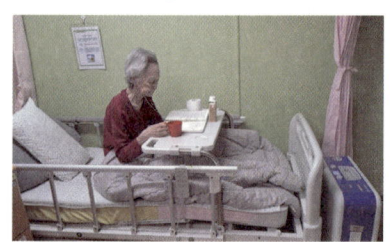
산소공급

⑩ 보호자님~ 어젯밤에 어머님께서 열이 많이 있으셨어요~

야간 간호사는 출근하면 어르신들의 건강 상태 변화, 입원 혹은 퇴원, 낙상사고 및 위험성 등을 숙지하고 라운딩한다. 수면장애가 있는 치매 어르신들의 양상을 확인하고, 배회 어르신이 있는 경우 조명이나 주변 환경을 살펴 낙상이 일어나지 않도록 주의 관찰 지도한다.

건강 문제 발생 어르신의 활력징후를 측정하고 건강 상태를 사정하여 증상에 따라 투약 및 처치하고, 필요 시 보호자와 상담하여 양상 변화에 대해 설명한다.

숙소 내 창문이나 출입문 개폐 여부를 확인하고 온도 및 습도 체크 후 쾌적한 환경을 유지하도록 지도한다.

익일 아침 복용약을 전달하고 투약 시 주의사항을 안내한다.

수시로 라운딩하며 야간 근무자들이 성실하게 근무할 수 있도록 주의를 환기시킨다.

야간에 응급상황 발생 시 어르신의 의식상태를 확인하고 활력징후 측정, 혈당검사, 산소포화도 등 검사하여 보호자에게 연락하고 119 구급대에 연락하여 어르신의 상태를 설명한다. DNR 미동의 어르신이 심정지 상황일 경우 신속하게 CPR을 실시하고 구급대원이 도착할 때까지 멈추지 않도록 하며, 병력현황, 복용약 내역 출력하고 담당 요양보호사 동행하여 신속하게 이송할 수 있도록 한다.

당뇨 보유질환자의 건강 상태 유지를 위해 월 2회 아침 식전 공복혈당검사를 실시하고 저혈당 시 즉시 당분을 공급하여 문제를 예방한다.

인슐린 주사 처방 어르신의 경우 아침 식전 피하주사를 처치한다.

오전 7시에서 8시 사이 아침식사 때 라운딩을 통해서 시식사관찰을 한다. 식사량이 저조한 어르신의 경우에는 원인을 파악하고 간식이나 음료 등으로 영양 섭취를 돕도록 한다.

개별 증상에 따라 섭취량과 배설량을 확인하고 인계노트에 기록한다.

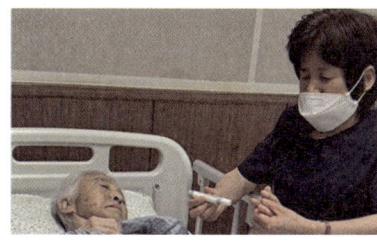
야간혈당체크

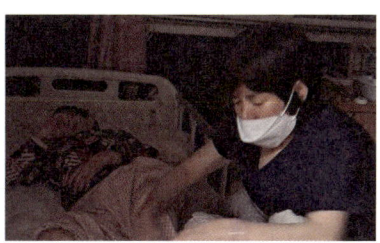
야간간호

⑪ 어르신 오늘 건강검진을 합니다

어르신들의 건강상태 확인 및 감염질환에 대한 관리가 필요하여 연 1회 건강검진과 흉부 X-ray 검진을 실시하고 있다.

코로나19 발생 전에는 보건소를 통한 검사가 가능하였는데 코로나19 발생 후에는 계약의사 병원과 협력하여 건강검진을 실시하고 있다.

대한결핵협회와 협력하여 매년 어르신들을 대상으로 흉부 X-ray 촬영을 통해 결핵검진을 시행하고 있다.

날씨가 추워지기 시작하는 10월 중순경에는 모든 어르신들을 대상으로 독감예방접종을 실시하고 있다.

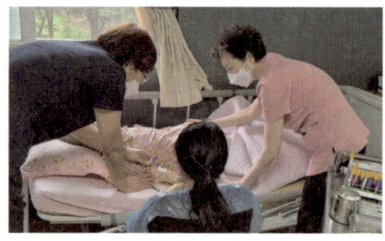
건강검진

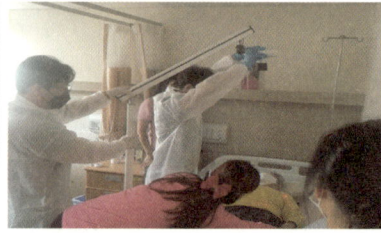
독감예방접종

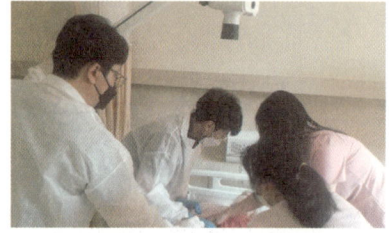
어르신X레이사진

3) 어르신~ 의사선생님이 오셨어요~

① 내과전문의 방문진료

매주 2회 내과전문 의사가 방문하여 어르신들의 건강상태를 체크하고, 건강문제가 있는 어르신의 경우 문진, 청진, 촉진 등을 통해 사정하고 병원진료가 필요할 시 보호자님께 안내하고 있다.

어르신들을 위한 독감예방접종, 코로나19 예방접종을 계약의사가 직접 요양원으로 방문하여 접종해 드리고 있다.

② 신경정신과 전문의 방문진료

치매어르신들을 대상으로 2주 1회 신경정신과 방문의가 방문하여 치매증상적인 문제 행동을 관리하고 있다.

모든 어르신은 계약의사가 어르신의 상태를 진료한 후 어르신별 간호차트에 기록하여 관리하고 있다.

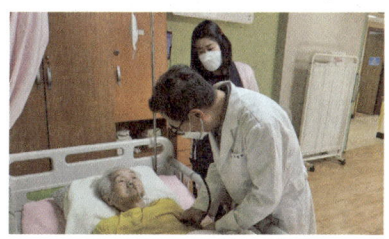
내과전문의 진료

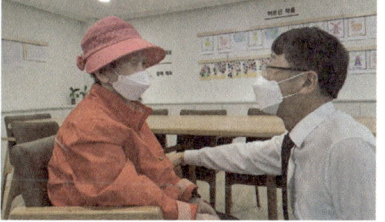
신경전문의와 상담

4) 응급상황이 발생했어요~

요양원에는 면역력이 낮은 어르신들이 계셔 응급상황이 종종 발생하고 있으나 의사가 상주하고 있지 않아 간호사들은 항상 이에 대비하고 있다.

갑자기 호흡곤란 증상이 발견되면 산소를 제공하기도 하고, 식사를 잘하시다가 음식이 걸리는 경우에는 하임리히법 또는 석션기를 이용하여 걸린 음식물을 빼내드린다.

뜨거운 물에 화상 입지 않도록 담당 요양보호사들에게 물 온도를 체크하여 물을 드리고, 목욕 시에도 항상 확인 후 목욕시켜 드리도록 하고 있다.

심정지 상태의 어르신의 경우 발견되자마자 심폐소생술을 실시하면서 119에 신고하여 신속하게 상황에 대처하기도 한다.

모든 응급상황에 간호팀은 단합하여 어르신의 건강이 악화되지 않도록 노력하고 있으며, 갑자기 응급상황이 발생할 가능성에 대해서도 보호자님에게 수시로 상담하여 안내하고 있다.

심폐소생술

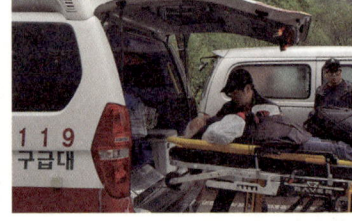

119 이송

7.
나~ 걸어서 집에 가고 싶어~
(신체·재활 서비스)

　화요일 9시40분 휠체어 부대가 물리치료실로 몰려온다. 보행이 어려워 실버카, 워커, 휠체어를 이용해 오시는 어르신들이 점점 늘어나고 있다.

　곽○○ 어르신은 입소 전 뇌졸중으로 인해 양 하지마비로 양측 다리 근력저하와 경도의 무릎 통증을 호소하시는 분으로 부축해 드려야 두세 걸음이 가능한 상태이다.

　핫팩을 이용해 혈액순환을 증진시키고 공기압 마사지 자극을 통해 통증을 조절하고 근육에 자극을 유도하는 치료를 하고 계신다.

　이렇게 치료가 끝나면 어르신은 큰 눈으로 "나 걷기 운동 하고 싶어요"라고 말하는 듯 웃으며 바라보신다.

　"어르신 걷고 싶으세요?"

　"그럼, 걸어서 집에 가야지. 우리 집에 아직 내 살림살이도 남아 있고 할아버지도 있어"

　어르신이 보행에 집착하는 이유는 걸어서 집에 가고 싶으신 것이다.

하지근력 저하로 평행봉 보행 훈련 시 주저앉을 수 있어서 골반을 물리치료사가 고정하며 걷기 운동을 하고 있다. 어르신이 보행 운동을 할 수 있는 비밀은 물리치료사가 어르신의 허리를 붙잡고 골반을 고정하고 있기 때문에 서서 걸을 수 있는데 어르신은 스스로 서서 걷는다는 착각 속에서 걷기 운동을 하고 계신다.

그러나 보호자 말씀으로는 어머님께서 뇌졸중으로 하지마비가 와서 병원에서 많은 치료를 해 보았지만 걷기는 어렵다는 판단을 내리고 더 이상 치료할 수가 없다고 해서 요양원에 오셨다고 한다.

그러나 얼마 전부터는 기능이 저하되어 이런 보행훈련마저도 어려워 서기 운동을 하고 계신다.

서기 운동을 통해 하지근력과 균형 능력을 유지하게 되면 이동 시 도움을 주어 어르신도 요양보호사도 근골격계 부담이 적게 되고 낙상의 위험도 줄어들게 된다.

전기치료를 한 후에도 얼마간 서기 운동도 열심히 하신다. 숫자 50을 세는 동안 올바른 자세를 유지하고 서 계시고 100을 세고 또 200을 세신다.

그래도 우리는 어르신의 걷는 꿈을 포기하지 않도록 열심히 도와드리고 있다.

"어르신 우리 다음에는 자전거 한번 타봐요."

"정말? 내가 자전거를 탈 수 있을까?"

"그럼요. 어르신이 다리만 올려놓고 있으면 저절로 다리가 움직일 걸요."

스스로 움직이는 자전거는 전동 상하지 운동기구로 상지나 하지가 마비된 어르신들에게 전동으로 운동을 할 수 있게 해주며 어르신의 상태에 맞게 속도와 저항을 설정하면 효과를 더 높일 수 있다.

어르신은 오늘도 전동 상하지 운동을 하며 스스로 움직이는 다리를 보고 언젠가 걸어서 집에 갈 날을 꿈꾸고 계신다.

어르신의 그 꿈을 이루어 드리기 위해서 우리 요양원에서는 과감한 투자를 하기로 결정하고 워킹레일을 구입하고 설치했다.

이제 걷고 싶은 많은 어르신들에게 그 꿈을 이루어 드리게 되었다.

– 요양원은 소망을 갖는 곳이 되어야 한다 –

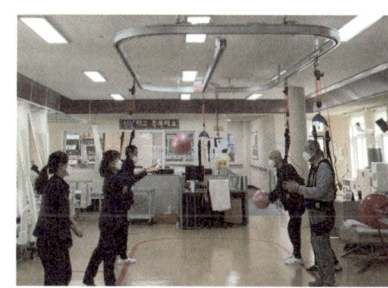
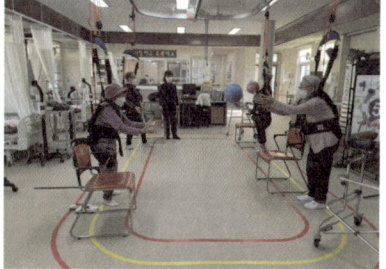

워킹레일

1) 어르신들이 가장 선호하는 물리치료~

① 나~ 허리가 너무 아퍼~ 찜질 좀 해줘요~

노화와 만성 근·골격계 질환으로 인한 통증관리와 기능 회복 훈련을 통해 어르신의 신체기능 및 잔존능력을 유지·증진하여 일상생활을 최대한 수행하도록 물리치료와 인지기능 유지를 위해 작업치료서비스를 제공하고 있다. 재활 치료를 통해 질병을 완화 시키며, 체계적인 건강관리를 통해 건강을 유지하여 질병의 진행을 지연하고 건강한 요양원 생활을 영위하도록 서비스를 제공하고 있다.

연 1회 어르신들의 신체 기능 상태를 평가하며 개인별 장기요양이용계획의 물리치료 계획과 계약의사의 처방에 의해 물리치료를 실시하고 있다. 핫팩, 적외선 치료기, 파라핀 치료와 같은 온열치료를 통해 통증 감소 및 혈액 및 림프순환을 증진하며 전기치료를 이용하여 통증 관리, 연부조직의 염증 감소 및 제거, 근경직 감소를 해드리고 있으며, 아쿠아메드, 공기압 마사지, 안마의자, 발맛사지를 사용하여 혈액순환을 증진시켜 드리고 있다.

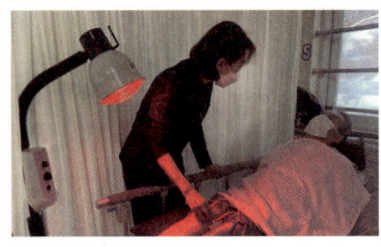
전기치료

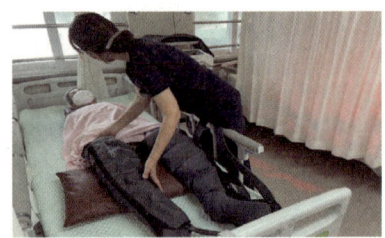
공기압마사지 치료

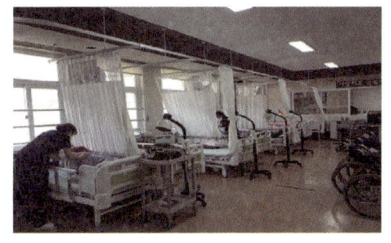
치료 전경

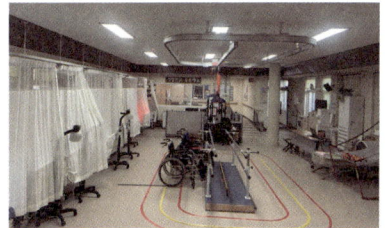
물리치료 전경

　와상 어르신들의 관절의 구축을 지연시키고 변형을 예방하기 위하여 생활동에 찾아가서 침상관절운동과 기능회복훈련을 실시하고 있다.

　휠체어를 타고 계시는 어르신들에게 하지근력과 균형 능력을 유지하기 위한 훈련과 보행보조기 사용법 훈련, 평행봉 보행 훈련, 워킹레일을 통해서 스스로 걷는 연습도 하고 있다.

　침상에서 뒤집기, 일어나기, 앉아있기, 일어서기 등 기능적인 동작을 유지하기 위해 자세유지 훈련을 실시한다.

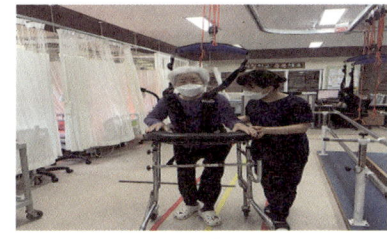
보행기 보행훈련

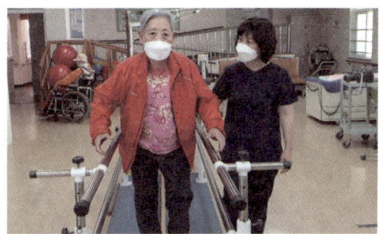
평행봉 보행 훈련

② 건강을 위해 체조하다

　관절운동, 스포밴드, 레돈도볼을 이용하여 건강체조를 실시하여 관절의 가동범위 및 근력을 유지·증진 시켜드리고 손과 발의 운동을 통하여 치매를 예방하고 지연을 시켜 드리고 있다. 코로나 기간 중에는 감염예방을 위해 방송영상을 통해 체조를 실시하기도 하였다.

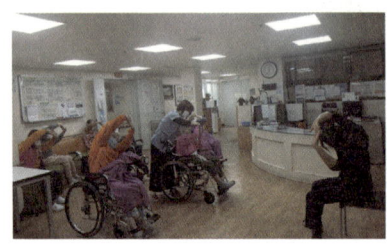
건강체조

레돈도볼 운동

③ 다 같이 돌자 동네 한 바퀴 (햇빛 샤워 프로그램)

독립 보행 및 지팡이, 보행기 보행이 가능한 어르신들을 대상으로 원내 중앙정원, 나눔숲, 케어팜 주변을 산책하는 프로그램으로 보행능력을 유지하게 하고 근력 및 신체 균형 능력을 증진시켜 드리고 있으며 더불어 변화하는 자연을 보며 계절 감각을 느끼도록 한다.

보행이 불가능한 준와상 어르신들을 대상으로 휠체어와 침상형 휠체어를 이용하여 휠체어 산책과 일광욕을 실시하였다. 실내 생활을 주로 하는 어르신들에게 실외 활동량을 늘려 운동량을 증진하도록 레돈도볼, 파라슈트, 오자미 등 소도구를 이용하여 상지 관절의 운동량을 증진하고 자연의 변화를 체감할 수 있도록 나무와 꽃을 보고 만지고 느끼며 오감을 자극하고 있다.

나눔숲 산책

파라슈트 놀이

④ 닐리리 만보~ (그룹 치료)

보행이 가능하나 노화로 인해 활동량이 제한되어 정적 움직임에 익숙한 어르신들을 대상으로 소그룹으로 구성하여 그룹치료 프로그램을 특화 프로그램으로 실시하고 있다.

활동량 증진을 위한 신체활동과 인지기능 유지를 위한 인지활동을 병행하여 계절과 날씨에 따라 실내외에서 어르신들과 다양한 활동을 실시하고 있다.

컬링게임, 볼링게임, 타깃놀이 등 새로운 경기의 규칙을 배우고 다양한 운동도구를 경험함으로써 삶의 활력을 느끼고 상대에 대한 배려심과 협동심을 함양시켜 자존감을 회복하도록 지지하여 행복한 원내 생활을 하시도록 하였다.

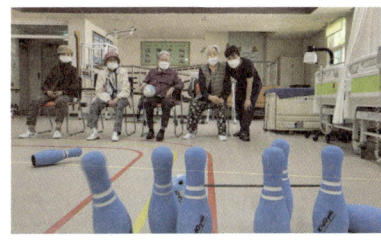
볼링게임

컬링게임

⑤ 어르신들에게 낙상예방교육을 하다

전체 어르신을 대상으로 낙상을 예방할 수 있는 올바른 침상생활 및 올바른 이동방법, 보행 보조기 사용법을 익히고 습득하여 안전하게 원내 생활을 하여 낙상을 예방하도록 연1회 낙상예방교육을 실시하고 있다.

어르신 낙상예방교육   직원기능회복훈련교육

요양보호사 대상으로 어르신의 기능 상태에 맞는 체계적인 케어를 실시하고자 물리·작업치료사가 계획을 세워 신체기능 훈련, 기본동작 훈련, 일상생활 동작 훈련 등의 기능회복훈련을 인간존중의 마음안심돌봄기술로 요양보호사가 서비스를 제공하도록 교육을 실시하고 있다.

2) 작업치료를 하다
① 어르신~ 이 그림대로 맞춰보세요~

치매로 인한 인지저하 어르신, 노인성 질환 어르신들에게 인지치료, 신경계치료, 상지기능 운동, 일상생활동작훈련, 감각자극 작업치료를 실시하고 있다.

치매 어르신에게는 지남력, 집중력, 기억력, 실행력, 인지활동 개선을 위한 여러 가지 작업치료 도구를 이용하여 인지재활훈련을 제공한다.

편마비 및 척추마비 어르신에게는 스마트 글로브(smart gloves)를 이용한 손가락관절 수동관절운동(PROM) 등 다양한 도구를 사용하여 신체기능을 유지하게끔 치료를 실시하고 있다.

 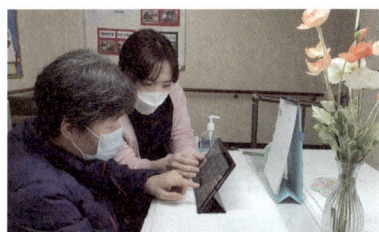
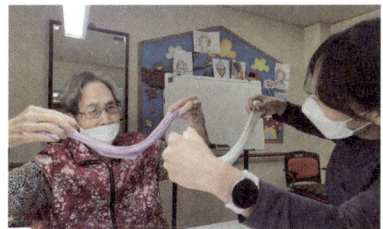 

작업치료

② 치매전담실 인지재활 프로그램을 실시하다

치매전담실 어르신들에게 주 2회 집단 프로그램으로 인지/신체/일상생활동작훈련 프로그램을 제공한다.

인지 프로그램은 치료적 집단 2단계(과제 그룹, Project group)로 진행하고 있으며 양손 조화운동, 유인물, 미술활동, 스마트 기기(Tablet PC)를 이용한 인지치료 등 다채롭고 풍성한 방식으로 양질의 프로그램을 제공하려 노력하고 있다.

신체 프로그램은 치료적 집단 2단계와 3단계(자기중심적 공동그룹, Egocentric-cooperative group)으로 진행하며 스포밴드, 레돈도볼 등 소도구를 이용한 스트레칭과 실버 컬링, 볼링, 후크볼, 전통놀이 등 다양한 협동 및 선의적 경쟁 프로그램을 진행하고 있다.

일상생활동작훈련 프로그램은 기본적일상생활활동(ADL) 중 하나인 '요리하기' 훈련을 실시하여 카나페 만들기, 과일꽂이 만들기, 과자 목걸이 만들기, 수박화채 만들기 등을 어르신들과 함께 하였다.

작업인지프로그램

작업신체프로그램

일상생활동작 훈련

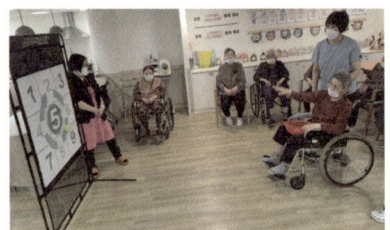

작업신체프로그램

3) 직원들의 근·골격계질환을 예방하다

노인요양시설의 종사자들은 어르신들의 돌봄서비스를 제공할 때 육체적인 힘으로 하는 일이 많기 때문에 근골격계질환의 위험에 노출되어 있다. 이를 예방하기 위하여 연1회 직원들을 대상으로 근골격계 증상을 조사하고 있으며, 위험 요인이 있는 직원들에게는 적절한 조치를 취하고 있고 산재발생 시에 유해요인조사 등을 실시하여 산재 발생을 예방하고 있다.

신규 직원을 대상으로 근·골격계질환 예방 교육을 실시하고 있으며 근골격계 질환 발생 특성과 작업별 예방대책, 부위별 스트레칭 방법을 교육하고 있다.

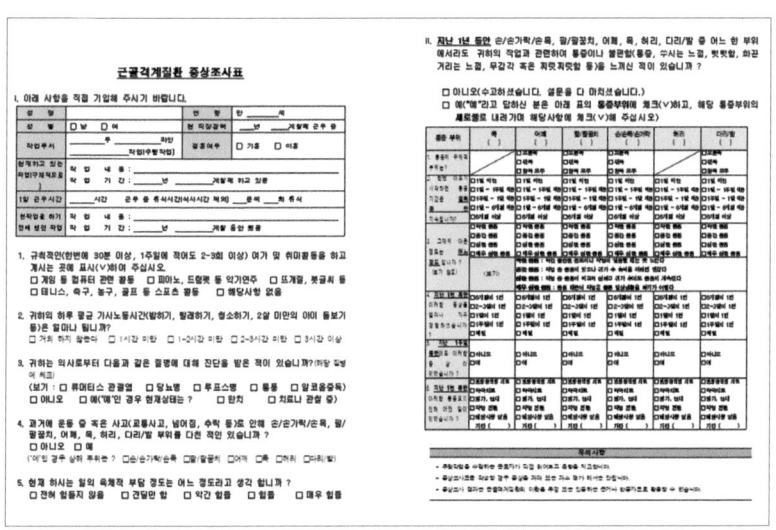

근골격계 증상조사표

8.
고령자 친환경식사를 통하여 존엄케어를 실천하다

 어르신들의 신체, 건강상태, 소화능력, 저작기능, 감각기능저하, 만성질환 등을 고려하여 건강관리에 도움이 되는 친환경적인 식재료를 통해서 필요한 영양소를 골고루 섭취하게 함으로써 건강하고 행복한 생활을 하는 데 도움을 드리고 있다.

1) "오늘은 김장하는 날"

 이른 아침부터 어르신들께서는 김장하신다고 마음들이 급하시다.

 배추는 사전에 절임배추로 준비하고, 맛있는 김장을 담기 위해서 사전에 양념은 어떻게 하는게 맛있는 김장김치를 담글 수 있는지를 어르신들께 여쭈어봤다.

 그랬더니 많은 어르신들께서 고춧가루, 멸치육수, 무채, 홍갓, 청갓, 새우젓, 멸치액젓, 찹쌀풀, 쪽파, 생굴 등을 넣으면 맛있는 김장김치를 담글 수 있다고 하셔서 준비했다.

 앞치마에 고무장갑, 머리엔 1회용 모자를 쓰고 어르신들이 식당에 모였다. 어르신별로 취향에 맞게 배추 속에 들어갈 양념을 젓갈을 좋아하시는 분은 젓갈을 더 넣고, 매운 것을 좋아하시는 분은 고춧가루를 더 넣게 해드리는 등 각자의 입맛에 맞게 배합을 했다.

자 이제 절임배추에 배추 속 양념을 버무릴 차례이다. 어르신별로 식탁 위에 절임배추와 양념을 준비하여 각자 양념을 버무리며 서로의 솜씨를 발휘하셨다. 이 자리에는 원장님도 함께 참석하셨는데 어르신들께서 전라도 김치는 이렇게 담근다. 경상도 김치는 이렇게 담근다며 지도도 하시는 등 서로의 솜씨를 뽐내시며 즐거워하셨다.

여기 저기서 어르신들께서 "아이고~ 맛있다~", "원장님~ 이 김치 맛 좀 보세요~", "어때요? 맛있지요?", "네~ 맛있네요~" 하며 왁자지껄 소란스럽다.

옛날에 김장하던 추억이 살아나시는지 "내 김치가 맛있다", "아냐 내 김치가 맛있어~"라며 즐거워하셨다.

연일 배추에 양념을 싸서 드시는 모습을 보며 혹시 배탈나면 어쩌나 걱정이 되었지만 어르신들께서 기뻐하시며 김장 담그는 모습에 걱정이 사라졌다.

김장을 담그시면서, 지난 추억이 떠오르시는지, "옛날에 우리는 가족들이 많아서 매년 한 접을 했다. 우리는 두 접을 했다."라시며 김장을 저마다 많이 했다고 자랑하시는 모습이 귀여우시기까지 했다.

어르신 김장 담그기를 하시며 모두 즐겁고 행복해하시는 모습을 보니 내가 더 기뻤다. 나의 어머니가 떠오르며 우리도 예전엔

온 가족이 모여서 김장 담그던 모습이 떠올랐다.

  너무 열심히 하시는 모습을 보면서 힘드실까봐 쉬면서 차 한 잔 마시고 하시라고 해도 "쉬긴 뭐 했다고 쉬어~" 그러시면서 열심히 하시는 모습을 보며 내가 감동을 받았다.

  매일 여기저기 아프시다며 누워만 계시려던 모습은 어디가고 김장 담그시는 내내 활기차고 행복해 하시는 모습이 감사했다.

  이제 어느 정도 김장을 마치고 나니 배추와 양념이 조금 남았다. 그러니까 김○○ 어르신께서 남은 양념에 생굴을 더 듬뿍 넣고 참깨와 참기름도 넣고 버무려 겉절이를 만드시는 모습이 어느 댁의 맏며느리 같은 포스를 느꼈다.

  그렇게 만든 겉절이에 삶은 돼지고기를 보쌈을 해 먹으니 최고의 맛이였다. 역쉬~ 우리 어르신의 손맛은 영양사인 내가 따라갈 수가 없는 듯했다.

  어르신들도 너무 맛있다면서 많이 드시는 것 같아 살짝 걱정도 되었다. 어느 어르신은 집에 싸가면 안 되냐며 비닐봉지에 담아 가시기도 했다.

  그렇게 즐겁고 행복한 쿠킹 클래스~ "오늘은 김장 담그는 날"이였습니다.(영양사의 소감문)

2) 다양한 식사를 제공하다

- **일반식**: 씹고 삼킴에 불편이 없는 어르신들 식사라도 드시기 좋은 크기로 제공하며, 일반 성인식보다 가능한 한 부드러운 식단 구성으로 한다.
- **흰죽**: 급성소화장애로 설사를 하시는 어르신에게 제공해 드리고 있다.
- **미음**: 흰죽을 드려도 차도가 없으신 어르신에게 제공해 드리고 있다.
- **영양죽**: 일반식을 드시기에는 저작능력이 약한 어르신에게 제공해 드리고 있다.
- **갈은죽**: 저작능력과 소화기능이 약한 어르신에게 제공해 드리고 있다.
- **경관식**: 연하곤란으로 구강섭취가 어려운 어르신들의 경우에 의사의 처방을 받은 분들에게 튜브를 통해서 코에서 위로 직접 제공해 드리는 경관식을 제공하고 있다.
- **당뇨식**: 당뇨를 진단 받으신 어르신들에게는 저염식 식사와 무가당 간식을 제공해 드리고 있다.
- **간식**: 오전, 오후 2회 제공하고 있으며, 주말에는 직접 조리해서 어르신들에게 제공해 드리고 있다.

3) 스킨테어(skin tear)나 욕창이 생기지 않도록 충분한 영양소를 제공한다

- 스킨테어나 욕창 발생 원인 중 가장 문제는 영양 부족이며 섭취하여도 허약할수록 몸에서 흡수 합성이 잘 이루어지지

않으므로 부족한 영양공급을 위해 고열량, 고단백, 고비타민/미네랄 등 영양보충 식품을 활용하여 예방 및 빠른 치유를 실시하여야 한다.

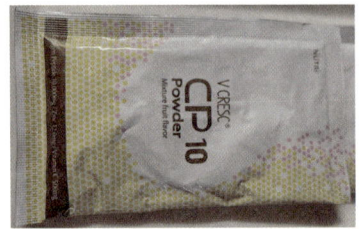
단백질 파우더

연하도움식

일반식 / 흰죽 / 미음

영양죽 / 갈은죽 / 경관식

간식(찐감자) / 간식(부침개) / 간식(과일)

* 특별히 연하곤란이 있는 어르신들의 경우에 점도증진제와 복약보조제를 사용하여 질식예방 및 흡인성폐렴 등을 예방하고 있다.
* 사래가 걸리거나 입에 흘리시는 어르신에게 갈은죽에 점도증진제를 넣는 경우 끈적임은 없어지지 않고 더 위험할 수 있으므로 안전을 위하여 상태에 맞게 설계된 연하도움식을 이용하여 흡인성 폐렴과 질식사를 예방한다.

점도증진제

복약보조제

4) 행복한 특별식 서비스를 제공하다

- 매달 1회 특별식을 제공하고 있다.
- 분기별로 야외에서 푸드트럭을 임차해서 통닭, 바비큐, 따뜻한 음료와 간식 등을 제공하고 있다.
- 주1회 어르신들이 희망하는 간식을 직접 조리하여 제공하고 있다.
- 추억의 간식인 솜사탕, 팥빙수, 떡볶이, 뻥튀기 등을 야외정원에서 제공하고 있다.
- 전문요리사를 초빙하여 분기별로 쉐프와 함께하는 행복한 점심시간을 갖고 있다.

5) 절기별 음식을 제공하다

- 설날, 정월대보름, 동지 등에는 우리나라 고유의 음식을 다양하게 만들어 제공하고 있다.
- 초복, 중복, 말복에는 더위에 지친 심신을 위해 보양음식을 제공하고 있다.
- 봄, 여름, 가을, 겨울 등 계절별로 이에 맞는 음식을 제공하고 있다.

6) 고령친화적인 친환경음식을 제공하다

- HACCP인증 받은 친환경식품 및 고령친화식품을 납품받아서 식사를 제공하고 있다.
- 어르신들이 연하곤란으로 위험에 빠지지 않도록 연하곤란식 전문업체로부터 납품받아서 제공하고 있다.

7) 조리원을 행복하게 하라

급식실 직원들은 아침 6시에 출근해서 어르신들의 급식을 준비하느라 쉼 없이 고생하고 저녁 6시 30분에 퇴근을 한다. 적은

임금에 노동의 강도가 크다 보니 이직률이 높은 직종이고 조리원들을 구인하기도 어려운 상황이다.

이 문제를 해결하기 위하여 조리원들은 주4일을 근무하게 했다. 2일 근무하고 하루 쉬고 2일 근무하고 2일 쉬게 하고 있다.

조리업무 중에 가장 시간이 많이 걸리는 업무가 식기 세척업무다. 개별식기를 사용하고 있어 식기를 세척하는 데 너무 시간이 소요되고 힘들다고 해서 초음파세척기를 설치해서 업무시간을 축소하고 세척업무도 한결 쉬워져서 근무만족도가 높아졌다. 물론 초음파세척기를 구입하는 비용이 많이 들었다.

조리원들은 어르신들에게 양질의 급식서비스를 제공하기 위하여 월 2회 2명씩 어르신들의 중식시간에 숙소를 방문하여 급식만족도와 드시고 싶은 음식이 어떤 게 있는지 등을 모니터링하고 있다.

또한 걸을 수 있는 어르신들을 주방과 식당에 월1회 초대하여 음식이 만들어지는 과정을 공개하고 식당에서 직원들과 함께 식사를 하실수 있도록 배려함으로써 급식에 대한 신뢰도를 갖게 하고 있다.

존엄케어를 위한 양질의 급식과 서비스를 제공하기 위하여 영양사와 조리원들은 수시로 여러 가지 필요한 보수교육을 실시하고 조리법도 배우도록 하고 있다.

초음파세척기

미생물 음식물처리기

9.
어르신들의 안전을 위하여 5제로운동을 실시하다

1) 5無(zero)이란?

노화로 인해서 모든 기능이 저하된 어르신들이 생활하시면서 발생할 수 있는 안전사고에 대해서 피해를 방지하거나 최소화하기 위하여 사전에 예방하기 위한 운동으로 낙상제로, 욕창제로, 신체구속제로, 학대제로, 냄새제로를 목표로 한다.

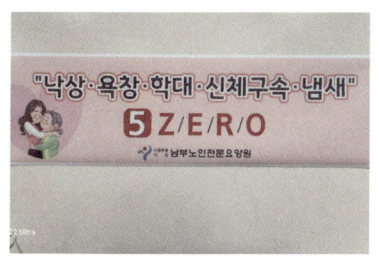
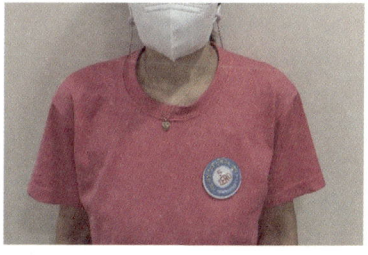

2) 5제로운동을 통해서 존엄케어를 실천하다

① 깜놀보고서(깜짝놀람보고서)를 작성한다

5제로운동은 예방에 중점을 두고 하는 운동이기 때문에 각 부서별로 직원들이 일하면서 안전사고의 위험이 발견되거나 예견되는 경우에 깜놀보고서를 작성하게 한다.

깜놀보고서에는 일시, 장소, 위험요인, 어르신들의 이상한 상황 발견 등을 기록하여 직원들이 그 사실을 공유함으로써 안전사고를 예방하게 한다.

깜놀보고서를 많이 작성한 직원이나 많은 예방활동을 통하여 안전사고가 낮은 부서는 부서별로 선발하여 포상한다.

깜짝놀람보고서

② 낙상제로

어르신들이 점차 신체적 기능이 저하되어 보행이 어려워지는 상태이다 보니 침상에서 내려오거나 화장실 등으로 이동시 낙상의 빈도수가 증가한다. 이를 예방하기 위하여 침실이나 화장실 바닥에 물기가 없게 하고, 이동시 워커나 지팡이를 사용하게 하며, 화장실이나 복도에 가드레일을 설치하여 낙상을 예방하고 있다.

어르신들과 직원들에게 낙상예방교육을 실시하고, 낙상위험이 높은 어르신의 경우에는 저상침대를 설치하고 이동보조를 통하여 낙상을 예방하게 하고 있다. 또한 낙상 고위험 어르신에게는 침상에 낙상방지시스템을 설치하여 낙상을 예방하고 있다.

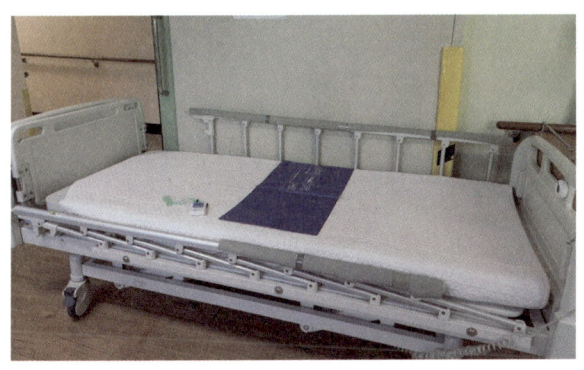

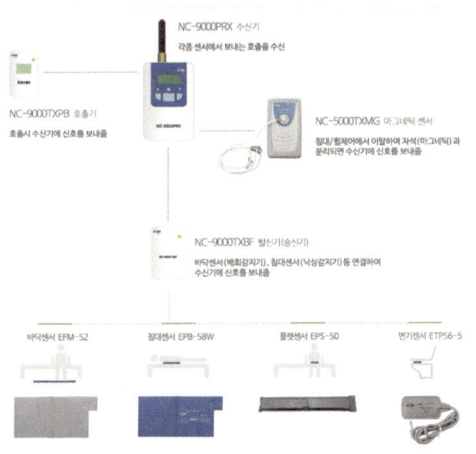

③ 욕창제로

와상어르신의 경우에 스스로 체위를 변경할 수가 없기 때문에 매트리스에 신체부위가 압력을 받게 되면 혈액순환이 원활하지 않게 되면서 압박부위가 괴사하게 되는데 그 상태를 욕창이라고 한다. 이를 방지하기 위하여 2시간마다 체위를 변경해주어야 하며, 욕창방지도구(에어매트리스, 쿠션, 자세변환도구 등)를 설치해 욕창을 예방한다.

2시간마다 체위를 변경할 때 압박부위에 대한 관찰을 통해서 욕창발생유무를 점검해야 하도록 하고 있다.

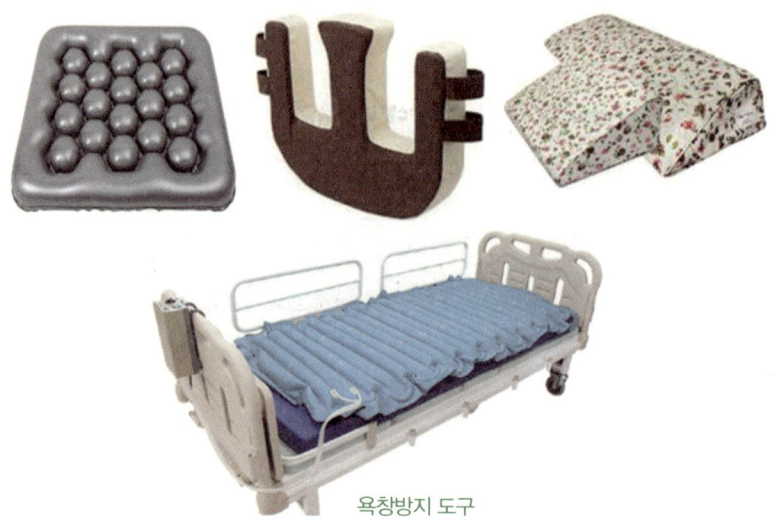

욕창방지 도구

④ 신체구속제로

경관식을 위해 설치한 L-튜브를 손으로 빼는 경우, 소변줄을 빼는 경우, 몸이 가렵다고 손으로 피가 나올 때까지 긁는 경우 등이 자주 발생한다. 또한 낙상으로 인한 골절 등이 자주 발생한다.

이를 방지하기 위하여 많은 요양시설에서는 보호자의 동의를 받아 신체를 구속하는 경우가 많다. 신체를 구속할 경우에는 반드시 의사의 지시를 받아서 해야 하는데 이를 위해서는 일시성, 절박성, 비대체성의 원칙을 지켜야 한다. 신체구속을 한 경우에는 2시간마다 신체구속을 해제했다가 다시 해야 한다.

우리 요양원은 이런 신체구속을 최소화하기 위하여 콧줄이나 소변줄을 착용한 어르신들의 침상 천정에 모빌을 설치하여 코줄이나 소변줄에 집착하지 않도록 신경을 분산시켜 드리고 있으며, 자주 어르신에게 코줄이나 소변줄의 중요성을 알려드려서 빼지 않도록 하고 있으며, 엄지손장갑을 끼워 드려서 빼지 않도록 하고 있다.

몸이 가려워 긁는 어르신의 경우에는 피부전문의의 처방을 받아 치료를 하게 하고 몸이 건조한 경우에는 바디크림이나 바세린 등을 자주 발라드려서 건조하지 않게 해드리고 있다.

겨울에는 침실에 가습기를 설치하여 실내가 건조하지 않게 적절한 습도를 유지시켜드리고 여름 장마철에는 실내가 너무 습하지 않도록 약한 난방을 틀어 습하지 않도록 하고 있다.

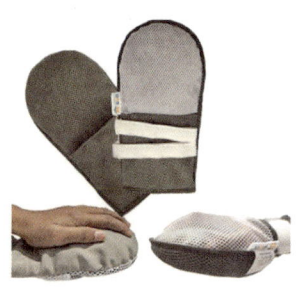
엄지장갑

휠체어안전벨트

모빌

⑤ 학대제로

노인성질병으로 노후를 어렵게 생활하고 있는 어르신들에게 인간의 존엄과 가치가 침해되지 않도록 돌봄을 제공할 수 있도록 노력하고 있다.

어르신들의 학대가 발생하지 않도록 노인학대예방과 인권교육을 매월 실시하고, 매월 인권캠페인, 인권편지, 학대방지 표어 경진대회, 매일 인권체크리스트 작성 등을 실시하고 있다.

우리 요양원의 돌봄이념이 존엄케어인 만큼 어르신인권이 침해되는 일이 없도록 지속적인 교육과 계몽 등을 실시하고자 한다.

⑥ 냄새제로

어르신들은 대부분 기저귀를 차고 계시기 때문에 기저귀 교체 시 실내에 배변 냄새가 나며, 소변줄을 착용하신 어르신들의 경우에도 소변줄에서 냄새가 나며, 어르신들은 노인들의 특유의 냄새가 난다.

실내의 냄새를 향기로 바꾸기 위하여 기저귀를 적시에 교체할 수 있는 스마트기저귀시스템을 도입하여 운영하고 있으며, 소변줄의 경우에 소변백을 수시로 비우게 하고, 노인 특유의 냄새제거를 위하여 목욕과 수시 샤워를 실시하고, 의복을 매일 교체하도록 하고 있다.

  이와 함께 매일 2~3회 정도의 실내청소와 수시 환기를 실시하고 있으며, 아로마 오일을 활용한 방향제를 만들어 수시로 실내에 뿌려서 향기로운 냄새와 더불어 아로마향기가 가지고 있는 심신의 안정효과도 나타나도록 하고 있다.

아로마 오일

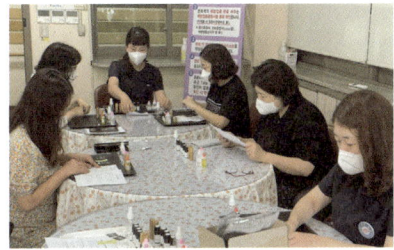
아로마 오일로 방향제 만들기

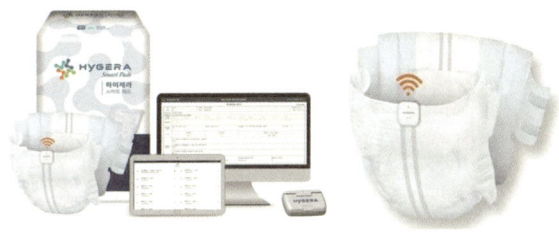
스마트기저귀시스템

10.
치매전담실을 통하여 존엄케어를 실천하다

1) 어르신의 행동, 심리증상(BPDS)으로 너무 힘들어요~

"김○○ 어르신~ 식사 좀 하세요~", "싫어~", "어르신 여기서 이러시면 안 돼요~", "어르신 손톱이 너무 길어서 그러니 깎아드릴께요~", "싫어~"

김○○ 어르신은 83세 남자어르신으로 입소 당시에는 치매증상이 너무 심하셨다.

치매증상으로는,

① 앉아 있기를 거부하시며 계속 실내를 배회하시면서 장소를 불문하고 성적 행위를 하시기도 하셨다.
② 식사 시에는 식사도 거부하시며 한 수저를 드시고는 식판을 바닥에 내동댕이치시기도 하셔서 직원들이 식판을 들고 다니며 식사를 드시게 하는 등 어려움이 많았다.
③ 배회하시다가 힘드시면 의자에 앉아 졸기도 하시며 침대에서 취침을 거부하셨다.
④ 대소변도 인지능력이 떨어지셔서 기저귀에 대변을 보시면

손으로 대변을 만지는 등 불결한 행동을 하셨다.
⑤ 목욕이나 세면, 손발톱 케어를 해드리면 완강히 거부하셔서 2~3명이 붙어서 케어를 하는 등 어려움이 많았다.

위와 같은 치매노인을 위한 전문화된 장기요양서비스를 제공하기 위하여 기존 노인요양실을 치매전담실로 리모델링하여 존엄케어를 실천하고 있다.

치매어르신들의 인권을 보호하고자 치매전담실의 명칭을 소망마을로 정하고 마음안심돌봄케어와 유니트케어를 실시하고 있다.

2) 어르신에게 기적이 일어났어요!

김○○ 어르신은 다음과 같이 마음안심돌봄케어를 실시하여 놀라운 변화가 일어나기 시작했다.

① 담당요양보호사는 어르신의 마음문을 열기 위하여 배회할 때는 곁에 따라 다니면서 작은 일에도 칭찬과 격려와 지지를 보냈다. 밝은 미소와 부드러운 말로 어떤 행동을 해도 질책하거나 야단을 치지 않았고 어르신의 언어사용이 원활하지 않아서 비언어적 의사표현으로 긍정의 메시지를 계속 보내면서 소통을 하기 시작했다.

② 식사의 거부 행동을 케어하기 위해서 식사때마다 배회하는 길목에 식판을 갖다두고 지나가실 때마다 식사를 드시도록 했고, 식사시간을 길게 하여 조금씩 천천히 한 수저라도 더 드시도록 했으며, 그래도 식사를 거부하는 경우엔 뉴

케어를 컵에 따라서 물처럼 드시게 하여 영양공급이 되도록 했다. 달달한 음식은 잘 드시는 것을 파악하여 간식 위주로 단 음식을 제공해 드렸다.

서서히 마음문을 여시며 식탁에 앉아서 음식을 드시기 시작했으며 현재는 정상적인 식사를 하고 계신다.

③ 밤에 안 주무시고 낮에는 의자에 앉아 쪽잠을 자니 수면이 부족하여 배회하시면서도 조셔서 전도의 위험이 예상이 되어 배회하시다가 의자에 앉아 조실 때 그 의자 옆에 이불을 제공하여 바닥에서 주무시도록 유도해 드렸더니 주무시기 시작하셨다. 그 후 서서히 침대로 유도하여 취침을 하도록 도와드렸더니 현재는 침대에서 잠을 잘 주무시고 계신다.

④ 배변을 하셨을 때 서서 안전바를 잡고 서 계시게 하여 선 채로 기저귀를 교체해드리면서 기저귀 교체의 거부반응을 점차 감소시켰다. 병행해서 화장실로 유도하여 변기에 앉기 훈련을 시키면서 변기에 대한 거부감을 없애는 데 노력하였다. 점차 어르신이 배변을 하시면서 의사표현이 정확하지 않았지만 손짓과 함께 알아듣지 못하는 언어를 사용하는 것을 인지하여 곧바로 기저귀를 교체해드렸고 점차 화장실 가는 훈련을 통하여 배변을 느끼시면 화장실로 가셔서 배변을 하게 되었다. 물론 변기사용 후 뒤처리가 제대로 되지 않아서 직원이 뒤처리를 돌봐드리지만 현재 낮에는 화장실도 가시고 밤에는 기저귀를 착용해 드리며 배변을 잘 하고 계신다.

⑤ 이제 직원들과 어르신이 마음문을 열고 어르신이 자신의 몸을 직원들에게 의지하고 있으며 표정도 밝아지셨고 비언어

적 소통으로 자연스럽게 생활하고 있으며 문제행동이 없이 프로그램에도 참여하는 등 잘 생활하고 계신다.

어르신의 가족들도 아버님께서 요양원에서 잘 적응하시며 생활하시는 모습을 보면서 감사하게 생각하고 있다.

3) 유니트케어를 실시하다

노인요양시설에서 이루어지는 케어의 관점을 시설 중심이 아닌 거주 어르신에게 두고 이분들의 가치와 선호, 욕구에 기반한 케어방식을 의미한다.

따라서 어르신들이 시설에서 아무런 의미없이 생활하시는 것이 아닌 사회에 지속적인 기여를 할 수 있도록 어르신들의 강점과 능력, 가능성을 꾸준히 개발할 수 있도록 돕는 것이다.

위와 같은 측면에서 유니트 케어는 어르신의 행태 특성과 어르신의 일과에 따른 주거계획 요소를 조합하여 시설 내에서 기본적인 생활이 완결되는 공간구성으로 입소 어르신 간 친밀한 관계나 가정적인 환경의 창출뿐만 아니라 개별 케어를 효과적으로 행할 수 있다는 점에서 많은 장점을 가지고 있다.

소망마을은 1~2층에 각각 14명이 거주하며 침실도 1인실, 2인실, 3인실, 4인실 등 다양하게 설치하여 개인별 특성에 맞게 생활하도록 하고 있다.

공동거실을 넓고 쾌적한 공간으로 설치하여 어르신들이 나와서 TV도 보시고, 여러 가지 프로그램에 참여하고 계신다.

거실에 주방시설도 갖추어서 매 식사 때마다 밥도 같이 하기도 하고 간단한 반찬도 만드는 등 요리를 함께하기도 하신다.

유니트 구조의 예

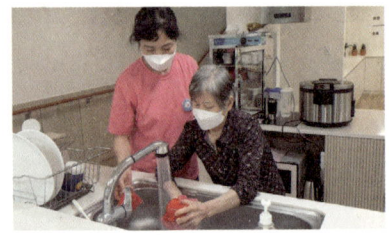 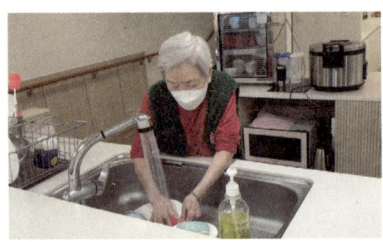

4) 소망마을에 치매전문프로그램을 도입하다

　소망마을에 근무하는 모든 직원들은 치매전담교육을 이수하도록 되어 있고 사회복지사는 치매프로그램 관리자 교육을 받아야 한다.

　치매어르신들은 신체돌봄보다는 인지치료프로그램이 필요하기 때문에 외부강사들이 와서 프로그램을 운영하기도 하지만 요양보호사들도 프로그램을 운영해야 한다.

　요양보호사들이 운영하는 프로그램으로는 현실인식/건강체조, 인지지필활동, 사회적응프로그램이다.

인지개선-해피테이블

음악치유프로그램

현실인식프로그램

이미용서비스

인지지필활동

요리교실

건강체조

소망드림데이

작업인지, 신체활동

사회적응-시장놀이

야외바베큐파티

초막골나들이

● 소망마을 시설

소망동 전경

거실-프로그램실(주방시설)

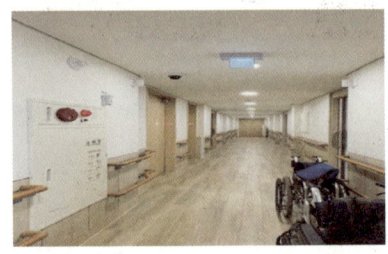
복도

거실

화장실

1인실

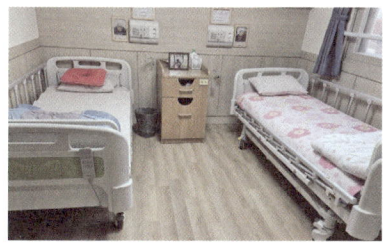
2인실

4인실

소망마을 전경

11
스마트 케어를 통한 존엄케어를 실천하다

"원장님~ 죄송합니다. 이번달까지만 일하고 그만둘까 합니다.", "왜요? 무슨 일이 있나요?", "아니요~ 허리와 손목이 너무 아파서 더 이상 일하기가 힘이 드네요."

요양현장에 일하는 종사자들의 평균 나이가 50대 후반~ 60대 초이니 어르신들을 케어하기에 신체적으로 힘이 드는 게 현실이다. 무거운 어르신들의 기저귀를 교체하려면 하루에도 여러 번 어르신의 몸을 움직여야 하고, 와상어르신을 식사 때마다 휠체어에 앉아서 식사하도록 하기 위해서 이동해야 하고, 매주 1~2회 목욕이나 샤워를 해드려야 하기 때문에 이동해야 하는 등 신체적으로 너무나 힘이 드는 업무가 많은 게 사실이다.

그러다보니 요양보호사들이 받는 급여에 비해 일의 강도가 높아서 이직률이 높은 편이다. 이를 해결하기 위해서는 스마트기기의 도입이 필요한 상황이다. 그러나 돌봄서비스에 필요한 스마트기기의 보급은 아직 부족한 게 현실이다.

앞으로는 많은 돌봄서비스에 필요한 스마트기기들이 많이 보급되지 않을까 예상해 본다. 현재 우리 요양원과 다른 요양원에서 사용하고 있는 스마트기기들에 대해서 소개하고자 한다.

1) 스마트 기저귀케어를 도입하다

일반적으로 어르신들은 대부분 배설기능이 저하되어 기저귀를 착용하고 계신다. 그래서 하루에 평균 5~6회의 기저귀를 교체해 드리고 있다. 요양시설마다 기저귀의 교체방법이나 교체주기를 다 다르게 시행하고 있다. 대부분의 요양원은 기저귀를 2~3시간마다 주기적으로 교체를 하고 있다. 그러다 보니 어르신들이 주기적으로 교체한 이후에 곧바로 배설한 경우에는 1시간~2시간을 기다려야 하기 때문에 교체 시까지 회음부의 축축함을 견뎌내야 하고 이로 인한 기저귀발진, 요로감염, 욕창 등의 감염 등이 발생할 수가 있다.

이 문제를 해결하고자 기저귀에 감응센서를 부착한 기저귀가 개발되어 어르신이 배설을 했을 경우에 곧바로 케어스테이션에 설치한 스마트기저귀 배설현황 화면에 표시가 되어 배설 시 곧바로 기저귀를 교체해 드림으로써 위와 같은 많은 문제점을 해결하여 어르신들이 쾌적한 생활을 하실 수 있게 되었다. 초기에는 새로운 전자기기의 부담감으로 요양보호사들이 거부감도 있었지만 지금은 점차 사용 어르신이 증가하고 있다.

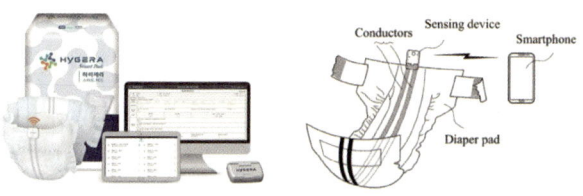

2) 와상어르신을 위한 배설케어로봇을 도입하다

요양시설에서의 돌봄서비스 중에 배설서비스 업무가 많고 종사자들이 힘들어하다 보니 다양한 배설도움기기들이 개발되고 있는 실정이다. 소개하는 배설로봇기기는 회음부에 배설도움기기를 착용하는 시스템으로 어르신이 배변이나 배뇨를 했을 경우에 이 기기가 센서에 의해서 스스로 인지하여 비데기능을 시행한다. 이 기기로 인해서 항상 회음부가 청결하고 쾌적한 상황을 유지 할 수가 있다. 따라서 와상 어르신들의 경우에는 매우 유용한 스마트기기이다.

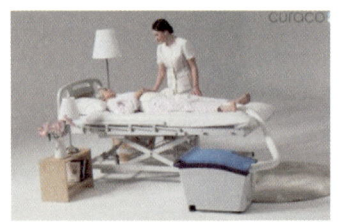 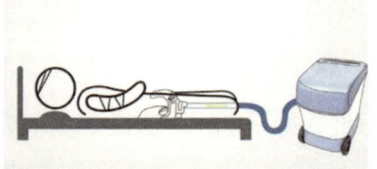

3) 요양보호사를 위한 이송보조기기를 도입하다

요양보호사들이 평균 50~70kg정도의 어르신들을 침상에서 휠체어로 이동하려면 매우 힘들다. 이동문제로 허리와 손목 등에 무리가 발생하기 때문에 힘들어하고 심지어 다치는 경우도 발생하고 있다. 따라서 이 이송보조기기를 이용하면 힘들지 않고 쉽게 어르신을 이송할 수 있다. 다만 이송장치를 작동하는 과정이 번거롭고 이송시간이 느리지만 요양보호사들의 근골격계에 무리를 주지 않아서 어르신도 안전하고 요양보호사도 안전하게 일할 수 있는 장점이 있다.

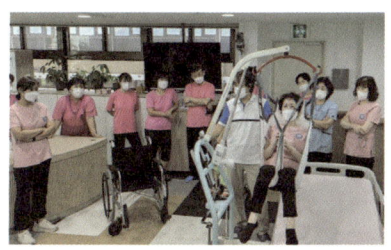 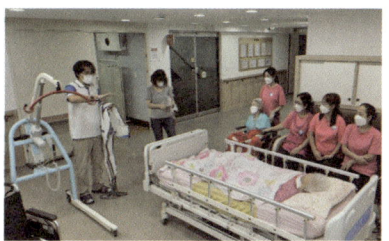

4) 어르신의 낙상을 방지하는 시스템을 도입하다

　요양시설에서 많이 발생하는 사고로 어르신들이 침상에서 내려오다가 낙상이 되는 일이 빈번하게 발생하고 있다. 어르신이 낙상하게 되면 대부분 골절상을 입기 때문에 골절치료기간 동안 고통과 함께 어려움이 발생하고 급격히 건강도 악화되는 등 많은 문제점이 발생하게 된다. 따라서 어르신들이 침상에서 내려오거나 내려와서 이동하려는 상황을 직원들이 사전에 인지한다면 낙상사고를 사전에 예방할 수가 있다. 이 점에 착안하여 낙상방지 시스템이 계속하여 발전을 거듭하고 있다.

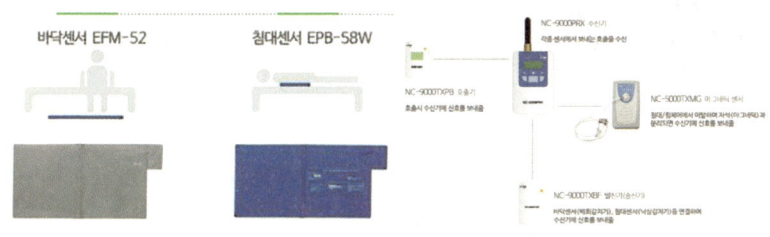

5) 효돌이, 효순이가 어르신과 대화를 하네요~

　"할머니가 세상에서 제일 좋아요", "나도 니가 제일 좋아~"

와상어르신은 침대에서 생활하시는 시간이 많다 보니 주로 TV를 시청하는 시간이 많다. 와상에 치매증상까지 동반한 어르신의 경우엔 TV를 시청하기도 어려워 혼자서 중얼거리거나 자꾸 요양사를 부르기 때문에 케어하기가 매우 어렵다. 그래서 도입한 것이 인형로봇인 효돌이, 효순이다.

효돌·효순이는 손자녀의 모습과 친근한 목소리를 가진 인형으로 어르신의 주요 움직임에 따라 반응하며 말을 건네도록 설계되었다. 기상, 식사, 약 복용시간 등 노인의 스케줄 알림 기능과 퀴즈·노래·이야기·종교 프로그램 등 일상을 돕는 여가지원 기능도 갖추고 있다. 효돌·효순이는 머리를 쓰다듬거나 배와 등을 토닥이면 음성으로 반응하는 말동무 기능으로 어르신의 말벗과 우울증 해소에 큰 도움이 되고 있다.

 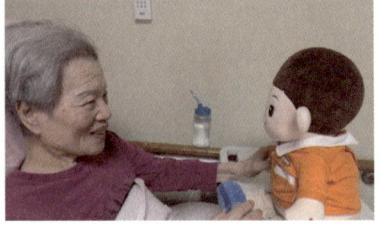

6) 요양보호사를 위한 웨어러블 로봇이 필요하다

요양보호사들이 무거운 어르신들을 들어서 이동을 하게 해드리고 있다 보니 어르신들을 이동할 때 허리와 손목에 무리가 가지 않도록 보조하는 기기들이 많이 나오고 있다. 그중에 좀더 쉽고 편하게 이동하기 위한 장비가 개발되고 있는데 그중의 하나가 보조기기를 옷처럼 착용하는 것이다. 옷처럼 착용하고 기기를 작동시키면 물건이나 사람을 들 때 허리나 손목에 무리한 힘이 들어가지 않게 이동할 수 있도록 보조해 주는 기기이다. 아직까지는 사용하는 데 불편함이 있어서 보급되고 있지 않은 상황이나 멀지않아 개발이 되어 현장에서 쉽게 상용할 수 있을 것이다.

7) 스마트 간호시스템이 필요하다

어르신들의 대부분이 고혈압, 당뇨, 뇌졸중, 파킨슨, 치매와 같은 노인성질병을 가지고 계시기 때문에 항상 어르신들의 건강관리가 매우 중요하다. 어르신들의 건강관리를 담당하는 간호인력이 부족하다 보니 간호사들은 간호업무가 너무 많아서 이직률도 높고 요양원에 근무를 기피하고 있는 실정이다. 그래서 간호조무사들을 채용하는 경우가 많다 보니 간호업무의 전문성이 조금 부족한 상황이다. 물론 계약의가 있어서 보완하고 있다고는 하지만 1주일에 2회 정도 방문하여 진료를 보는 경우여서 이에 대한 보완책이 필요한 상황이다.

이에 따라 간호시스템에 많은 연구와 개발이 이루어지고 있다. 현재 개발되고 있는 간호시스템의 스마트기기로는 침상 위에 센서 카메라를 설치하여 어르신의 건강상태를 모니터링하여 혈압, 체온, 맥박, 움직임 등에 이상이 발생하면 간호사에게 연결이 되

는 시스템이 개발되어 있다. 아직까지 완벽하게 시스템이 작동
되지는 않으나 계속 연구개발되어 가고 있다.

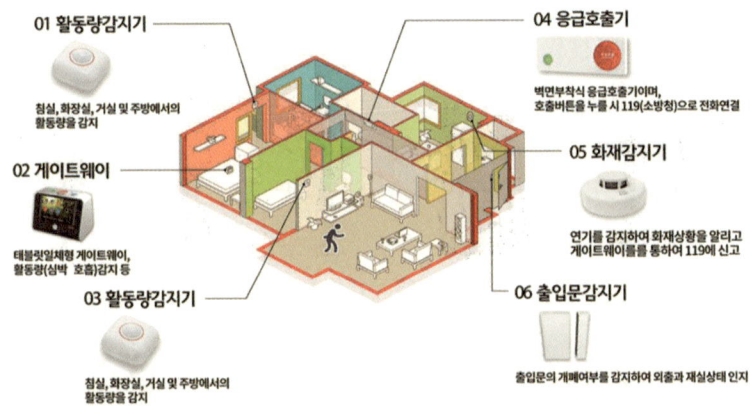

12.
원내에 TV방송국을 개국하다

"어르신들~ 제 얼굴이 잘 보이나요?", "사랑동 1층~ 손 들어 보세요?", 내 말소리 들리나요?", "어르신~ 마이크 앞에 나오셔서 원장님 하고 불러 보세요~"

위의 대화는 우리 요양원의 원내 TV실황 방송을 실시하기 전에 시험방송을 하며 각 층에, 각 사무실에 TV가 잘 나오는지 음성은 잘 들리는지를 시험방송하고 있는 내용이다.

코로나 팬데믹으로 인해서 외부 강사에 의한 원내 프로그램도 중지된 상태이고, 직원들도 맘대로 어르신 방을 들어갈 수 없는 상태이고, 대면 프로그램은 모두 중지된 상태이다 보니 어르신들과 소통하는 데 어려움이 있고 대면 프로그램을 못 하다 보니 모든 프로그램이 중지되어 어르신들은 생활하는 데 답답한 상황이었다.

이 문제를 해결하는 방법은 비대면 프로그램 밖에는 할 수 없는 상황이어서 원내에 TV방송국을 설치하였다. 많은 예산이 소요되었지만 기존 인터넷TV망에 더해서 쌍방 촬영이 가능한 카메라 설치와 마이크 설치를 하고 자원봉사실을 방송국 스튜디오로 리모델링을 하였다.

원내 TV방송국을 통해서 외부강사의 노래교실, 원예치료, 미술치료 등 많은 프로그램을 비대면으로 실시했다. 직원회의도, 직원교육도 원내 TV방송을 통해서 비대면으로 실시했다. 코로나 팬데믹 상황이였지만 비대면으로 어르신들에게 다양한 프로그램을 제공할 수 있었고, 직원들과의 소통도 원활하게 할 수 있었다.

1) 방송스튜디오를 설치하다

자원봉사자실을 다른 곳으로 이전하고 방음시설과 조명, 모니터용 대형 70인치 TV, 촬영용 카메라, 방송 송출장치, 쌍방향 음향시설 등을 설치했다.

2) 각 실에 카메라를 설치하다

어르신들이 생활하는 숙소의 거실에는 방송용 카메라, 55인치 TV, 쌍방향 음향장치 등을 설치했다.

3) 방송으로 프로그램을 운영하다

코로나 팬데믹으로 감염을 차단하기 위해 숙소로 외부강사가 들어가서 프로그램을 운영하거나 어르신들이 프로그램실에 모여서 프로그램을 운영할 수가 없어서 모든 프로그램을 중단했으나 원내방송시스템으로 인해서 모든 프로그램을 비대면으로 운영할 수가 있었다. 원내방송을 통해서 프로그램을 진행하다 보니 더 많은 어르신들이 프로그램에 참여할 수 있어서 좋은 점도 있다.

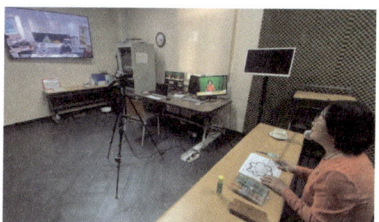

4) 방송으로 비대면회의 및 행사를 진행하다

부서별로 하는 회의나 행사 등을 모여서 대면으로 실시했으나 코로나로 인하여 모여서 진행할 수 없어서 방송으로 비대면 회의 및 각종 행사 등을 진행하고 있다.

13.
사례관리를 통하여 존엄케어를 실천하다

"아줌마~ 여기에 쥐가 있어요~ 빨리 와봐요~", "네~ 어르신 쥐가 있어요? 어디? 어디요?", "저기~ 저기 있잖아~, 안 보여?", "아~ 보여요~ 쥐가 도망가네요~", "그래요? 무서워서 죽겠어!", "어르신 무서우면 잠깐 거실로 나갈까요?"

민○○ 어르신(여, 91세) - 입소하실 당시에 단기기억장애가 심하여 금방 한 일을 잊어버리고, 반복되는 질문으로 의사소통이 어렵고, 식사도 혼자 못 하셔서 도와줘야 했으며, 입맛에 안 맞으면 음식물을 뱉어 내기도 하고, 밤에는 망상증상으로 잠을 못 주무시며 계속 불러대며 벽이나 침상에 침을 뱉는 등 수발에 어려움을 호소하는 직원들이 많아서 이에 대한 문제를 해결해야 했다.

위와 같이 요양원에 적응이 어려운 어르신의 경우에 사례관리를 통해서 시설에 적응하도록 돕고 있다.

1) 존엄케어는 사례관리에서 나타난다

요양시설에서의 사례관리는 복합적인 어려움과 강한 욕구를 가진 어르신에 대하여 각 부서가 협력하여 체계적인 서비스와 어르신에게 맞춤형 서비스를 제공하고 지속적인 모니터링을 실시하여 어르신 중심의 돌봄서비스 전달체계를 구축하고 제공함으로써 시설적응에 도움을 드리는 데 그 목적이 있다.

2) 사례관리 회의를 하다

사례관리 대상 어르신의 의뢰가 사례관리팀으로 접수되면 사례관리팀이 모여서 사례관리대상여부를 결정한 후 사례관리 회의를 한다.

사례관리위원장으로는 사무국장이 되며 사회복지팀이 간사를 맡고 간호팀, 요양팀, 물리치료팀, 영양팀이 위원으로 참여한다. 사례에 따라서는 행정팀도 참석하게 하며 보호자도 참석하게 한다.

사회복지팀의 대상자 담당 사회복지사는 대상어르신의 인적사항과 가족관계, 성장과정 및 입소사유를 작성하고 생활하면서의 문제점과 욕구사항을, 간호팀의 담당간호사는 대상자의 건강상태를 작성하고 건강상 문제와 욕구사항을, 물리치료팀에서는 대상자의 관절 및 보행여부를 작성하고 문제와 욕구사항을, 영양팀에서는 대상자의 음식섭취상태 등을 작성하고 섭취상의 문제점과 욕구사항이 무엇인지를 사정한다.

각 팀에서 대상자를 사정한 내용을 공유하며 대상자에게 어떻게 돌봄서비스를 제공할 것인가와 요양원에 적응하기 위하여 어떤 도움을 드려야 하는지를 토론하여 서비스제공계획서를 작성한다.

1차 사례관리회의에서 만들어진 서비스제공계획을 실행하면서 나타나는 문제점과 이행여부를 판단하는 2차, 3차 회의를 통해서 대상자가 요양원에 잘 적응하시도록 돕는다.

3) 사례관리를 실시한 사례

사례관리회의

◆ 인적사항

회의 일시	2020-05-19 15:00	장소	면회실	작성자	정OO
수급자 성명	민OO(여)	생년월일	290228(91세)		사 진
등급	4등급	입소일	2020-04-29 / 14:40		
생활실	행복2/210호	진단명	고혈압,고지혈증,치매,골관절염		
종교	기독교	입소외회인 주소	서울특별시 영등포구		
학력	중학교	가족	2남 4녀		

◆ 사례관리

1) 문제점 및 선정사유
2020년 4월 29일 입소 후 치매 진행 된 상태로 단기기억장애 심하고 인지기능 저하되어 있어 의사소통 잘 되지 않으며 식사수행동작도 잘 되지 않아 수발을 해드려야 하는 상태임. 영양죽으로 식사 드리며 건더기가 있으면 다 뱉어 내시며 약도 드시려 하지 않고 거부하시며 다 뱉어내심. 치매 인지 장애로 밤에 잠을 잘 못이루시고 망상증세 보이며 혼잣 말씀을 많이 하시고 수면장애 있으심. 침상 벽에 가래들을 자주 뱉어내시어 위생상 청결문제가 있음. 집에가야 한다고 하시거나 없어진 물건을 찾아야 한다며 침상에서 내려오려고 하시는 모습 보임. 앉은자세가 불안정하고 무릎관절통증 호소함.

2) 회의내용
정OO 복지사 : 어르신께서 4월 29일 입소 하셨으며 코로나19로 인해 일주일동안 집중격리실에서 계시다가 지난 주 화요일 숙소로 이동 하였습니다. 행복2층 가동으로 이동 하신 후 일주일동안 관찰 한 결과 어르신의 치매증세가 상당히 진행이 된 상태로 단기기억장애 있으시고 의사소통 원활하지 못하여 숙소생활에 적응하지 못하고 계셔 어르신의 불안감 해소와 숙소생활의 적응을 위해 사례관리를 실시하고자 합니다. 현재 숙소에서 어르신 어떻게 지내고 계신지 요양보호사 조장님께서 말씀해주세요.
이OO 요양보호사 : 어르신께서 중증 치매 증세를 보이시며 수면장애가 있어 밤에 잠을 잘 못이루시면 망상증세를 보이시고 뭐가 보인다고 하시거나 물건이 없어졌다며 찾으러 하시고 계속 집에 가야 한다고 하시며 내려오려고 하시는 어르신에게도 주의깊게 관찰하고 있는 상황입니다. 또한 식사수 행동작이 전혀 되지 않아 전적으로 식사 수발을 해드리고 있으나 잘 드시지 않으셔 하시고 식사 때도 집중하시지 않고 산만한 모습 보이며 건더기가 조금이라도 있으면 뱉으시고 약을 드려도 다 뱉어내십니다.
이OO 영양사 : 저작 능력 저하되어 있어 영양죽으로 제공해 드리나 입에 물고 계시는 시간이 많고 식사 수발 해드려도 잘 드시지 않는 모습 보여 어르신 맞는 반찬 제공 하여 드실 수 있도록 하며 건더기가 있는 것은 씹지 않고 뱉어내어 모든 반찬을 잘게 잘라 드리거나 갈아드려 식사 수발하여 적절히 드실 수 있도록 하고 있습니다.
채OO 물리치료사 : 어르신께서 입소하실 때부터 무릎에 통증을 느끼시고 만지거나 다리를 움직여 드리면 아프다고 하시어 현재 온열치료 실시하고 침상관절운동을 실시하여 무릎관절 통증을 조절하고 있습니다. 또한 침상에서 자세 불안정하고 내려오려고 하는 모습이 많이 보여 낙상 위험이 높으며 특히 야간에 낙상사고 위험이 높아 집중관찰이 필요해 보입니다.
이OO 요양보호사 : 야간에 요양보호사 선생님들이 주로 상주하는 방으로 옮기는 게 어떨까요?
신OO 간호사 : 네 어르신께서 입소 전 정신신경용제 약을 1t 드셨으나 입소 하고 나서 보호자와 상담 후 요양병원에서 약을 너무 세게 드셨어서 약으로 인해 어르신이 가라앉는 증상 보이는 것 같다고 하시어 의사 처방학에 저번주부터 반으로 줄여 드시고 있습니다. 야간에 어르신 잠 못자고 힘들어 할 때 주치의 처방에따라 필요시 취침약 추가하여 드리고자 하며 낙상예방을 위해 어르신의 방을 2인실에서 메인 방으로 옮겨 야간에 요양보호사 선생님들이 집중관찰 하는것이 좋을것 같습니다.
이OO 요양보호사 : 네 그럼 어르신 방 이동을 하여 야간에 집중 관찰 할 수 있도록 하겠습니다.
신OO 간호사 : 또한 어르신 약이 앞으로 제공이 되어 어르신께서 삼키지도 못하시어 약을 뱉어 드렸으나 뱉어 곱지 못하여 알경이가 쉽히니 다 뱉어내어고 있어 보호자님께 다 오실때는 파우더로 교체하여 오실 수 있도록 상담하겠습니다.
정OO 사회복지사 : 네 감사합니다. 어르신께서 식사 적정량 드실 수 있도록 식사 보조 전적으로 도움을 드려야 하고 약 복용 원활하게 될 수 있도록 파우더 처치하여 드실 수 있게 하여야 겠습니다. 또한 방 이동을 하여 야간에 어르신 낙상사고 예방하는 데 도움이 될 수 있도록 해주세요. 이상으로 OOO 어르신 1차 사례회의를 마치도록 하겠습니다. 다음 2차 회의는 6월 12일에 실시하도록 하였습니다. 감사합니다.

3) 회의결과
- 주치의 처방에 따라(정신신경용제) 1T 에서 0.5T로 줄었으며 상황 지켜보기로 한다.
- 주치의 처방에 따라 필요시 취침약 추가 복용한다.
- 식사 1:1로 수발한다.
- 투약 시 전적으로 보조하여 복용 도움 드린다.
- 무릎관절통증 조절위해 온열치료(적외선조사) 실시하고 관절의 구축을 지연예방하도록 침상관절운동을 시행한다.
- 야간 시 어르신 낙상예방을 위한 주의집중 관찰을 위해 방 이동을 한다.
- 정서적 지지를 위해 말벗 시간을 늘려 안정을 취할 수 있도록 한다.

4) 급여계획 반영사항
- 야간 시 어르신 낙상예방을 위한 주의집중 관찰을 위해 방 이동을 한다.
- 정서적 지지를 위해 말벗 및 격려 위로 등 정서적지지 1일 4회 3분에서 1일 4회 5분으로 추가 계획한다.

○ 사례관리 참석자

회의 일시	2020-05-19 15:00		장소	면회실		작성자	정○○	
참석자								
직책	성명	서명	직책	성명	서명	직책	성명	서명
사회복지주임	정○○		영양대리	이○○		물리치료대리	채○○	
간호팀장	신○○		요양보호사조장	이○○				

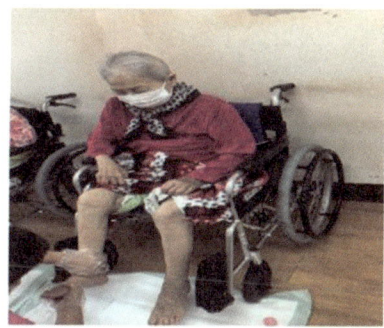
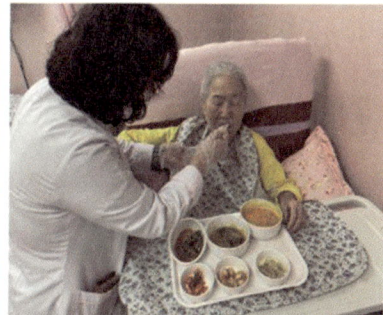

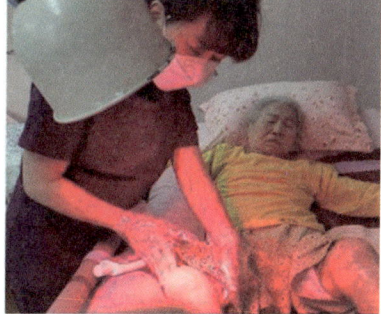

14.
가족들이 감동하는 존엄케어를 실시하다

요양원은 어르신, 종사자, 보호자, 지역사회가 함께 운영하는 것이 바람직하다고 생각한다. 특별히 어머님을 요양원에 모셔놓고 늘 어머님께 미안한 마음과 함께 어머님께서 요양원에서 잘 생활하고 계신지가 늘 궁금하고 걱정이 된다고 생각해서 가족들과 어르신들이 함께할 수 있는 다양한 프로그램을 운영하고 있다.

1) 어르신들 가족과 소통하다
① 가족간담회

"바쁘신 가운데도 가족간담회에 오신 가족여러분~ 감사드립니다. 저는 요양원을 운영하면서 가족분들과 소통하며 지내기를 원하고 있다고 여러 번 말씀 드린 바 있습니다. 요양원 운영에 있어서 제 맘대로 결정하고 운영하기보다는 가족분들과 상의하며 운영해 나가고 싶은 간절한 마음입니다."

"부모님을 이곳에 모시고 나서 부모님께서 식사는 잘하고 계시는지? 잠은 잘 주무시는지? 다른 어르신들과는 잘 지내시는지? 직원들로부터 구박받지는 않는지? 등등 궁금하시는 것이 많으실 것 같습니다. 그렇지요?"

"참석하신 보호자분들께서 돌아가면서 부모님께서 그동안 어떻게 지내시는지, 궁금한 사항이나 건의할 사항 있으시면 기탄 없이 말씀해 주시기 바랍니다."

"저는 박○○ 어르신의 큰아들 김○○입니다. 아버님이 치매가 걸리셔서 제가 아버님을 모시고 있었는데 아버님께서 치매가 점점 심해지셔서 더 이상 집에서 모실 수 없다고 판단되어 이곳에 모시게 되었습니다. 입소 초기엔 계속해서 아버님께서 농협에 출근해야 한다고 하시며 자꾸 밖에 나가시려고 해서 직원들도 저도 힘들었는데 원장님께서 아버님의 치매증상을 아시고 직원들과 잘 조치해 주셔서 감사했고 지금은 안정된 생활을 하고 계셔서 정말 감사드립니다."

"원장님~ 건의사항이 하나 있습니다.",

"네. 말씀하시죠?"

"저는 직장 생활하고 있어서 갑자기 어머님이 아프시다며 병원을 모시고 가달라고 전화가 왔을 때가 가장 난감합니다. 직장생활을 하다보니 갑자기 나올 수도 없고 그렇다고 어머님이 아프시다는데 안 갈 수도 없고 해서 난감한 경우가 종종 있는데 요양원에서 병원을 모시고 갈 수 있도록 배려해 주시면 안될까요?"

"네~ 사실 이런 경우에 저희들도 난감해하고 있습니다. 장기요양보험 수가에 병원동행서비스가 없다 보니 병원에 가셔야 하는 어르신이 계시면 보호자분들께 연락을 드리고 있는데, 시간을 내기가 어려운 분들도 계셔서 저희 간호팀에서 난감해 하는 경우가 있습니다.

부득이 못 오시는 분들의 경우에 간호사가 어르신을 모시고 병원진료를 가는데 그럴 경우에 간호사들이 어르신을 모시고 병원에 가면 2~3시간 소요되다 보니 원내에 계시는 어르신들의 간호에 소홀해지게 되고 업무가 지연되는 어려움이 있다고 합니다.

아무튼 여러 가지 사정으로 부득이하게 병원을 모시고 못 가는 상황이 발생하면 저희들이 모시고 가도록 하겠습니다. 그러나 이러한 경우는 예외임을 말씀드리겠습니다. 장기요양수가에 병원동행서비스를 포함해 달라고 건의도 해보겠습니다."

위와 같이 분기별로 전체 가족분들을 모시고 간담회를 갖고 있다. 보호자분들이 바쁘시다 보니 많이 참석을 못 하고 계셔서 많이 참석할 수 있는 방법으로 2023년부터는 각 동별로 간담회를 개최하고 있다.

② 가족과 영상통화–사랑의 콜센터

"어머니~ 제 얼굴 보이세요?", "누구냐?", "저에요 아들~", "응 민수냐?", "네~ 민수에요~", "어머니~ 식사는 잘하세요?", "응~ 잘 먹고 있어~", "어디 아프신 데는 없어요?"

위의 대화 내용은 코로나 팬데믹으로 대면 면회가 금지된 상황이여서 아드님과 어머님이 영상 통화를 하는 장면이다.

코로나19의 확산으로 인해 면회가 전면 금지되면서 어르신들은 가족들을 만나지 못해서 우울증세를 보이는 등 어르신의 정서적 기능이 저하되는 것 같았다.

또한 보호자님들은 코로나 상황에서 부모님께서 잘 지내시는지 궁금해하시고 해서 비대면 면회와 함께 오전 9시부터 저녁 8시까지 언제든지 영상통화를 할 수 있도록 화면이 큰 태블릿PC를 구입하여 각층에 배치하였다.

테블릿PC를 통한 영상통화를 통해서 직접 만나지 못하는 어르신들의 외로운 마음을 달래드리고 가족의 사랑을 느낄 수 있도록 의미있는 시간을 만들어 드렸다.

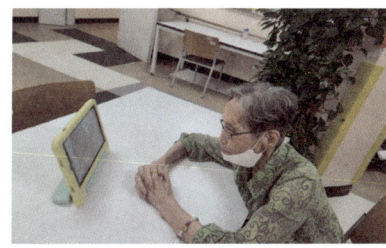
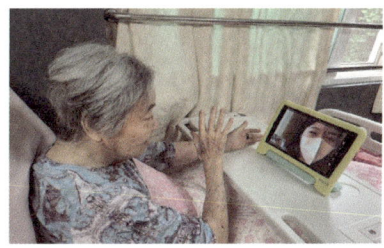

③ 보호자와 상담

"비도 많이 오고 날씨도 너무 덥고 습합니다. 어르신들을 모시느라 힘드실텐데 항상 감사한 마음을 어떻게 보답해 드려야 할지 모르겠습니다. 어머님이 잘 지내시도록 돌봐주시고 잘 챙겨주셔서 저희가 걱정없이 사회생활 할 수 있어서 너무 감사합니다. 원장선생님~ 고맙습니다. 많은 선생님들 노고에 진심으로 감사드립니다."

"원장님~ 오랜만이예요^^ 근데 벌써 오늘이 7월 시작입니다~ 정말 시간이 빨리 가네요~

어머님이 소망마을로 가신 뒤로 더 똑똑해지신 것 같고 건강해신 것 같아서 감사합니다. 7월부터는 많이 더울 텐데 하나님의 은혜로 좋은 일만 계속 생기길 기도드리며 원장님과 직원들의 가정과 건강을 위해서도 기도 드립니다🙏🙏🙏 감사 드립니다☺"

보호자분들이 종종 이런 문자를 보내주실 때 요양원을 운영하는 책임자로서 보람을 느끼며 감동을 받을 때가 많다. 직원들도 종종 이런 문자를 받을 때 힘들었던 마음이 눈 녹듯이 녹는다고 한다.

보호자분들께서 현장에서 고생하는 직원들에게 주시는 ㄴ격려의 한마디, 감사의 한마디에 그들은 힘을 얻고 더 열심히 어르신들을 돌보게 된다는 점을 꼭 기억해 주길 바란다.

④ 밴드운영

보호자분들과 소통하고자 사랑동, 행복동에 네이버밴드를 각

각 개설하여 운영하고 있다.

각 밴드에 어르신들의 일상과 프로그램, 행사 등의 소식을 올려서 보호자분들에게 알려줌으로써 부모님들께서 어떻게 지내시는지를 알려드리며 소통하고 있다.

⑤ '남부' 소식지 발행

매월 초 남부라는 제목으로 가정통신문에 해당하는 소식지를 발행해서 모든 보호자분들에게 보내드리고 있다.

매월 진행하는 프로그램, 행사, 공지사항, 자원봉사, 후원실적 등을 알려드리며 소통하고 있다.

 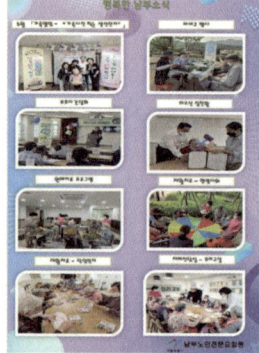 

⑥ 면회

코로나 팬데믹 상황에서는 비대면 면회를 실시했으나 현재는 대면과 비대면 면회를 모두 시행하고 있다.

2) 어르신들 가족이 감동하는 프로그램을 실시하다
① 가족과 함께하는 생신잔치

매월 생신을 맞이하는 어르신들의 가족들을 초청하여 어르신들과 함께 생신잔치를 해드리고 있다. 이번에 맞이하는 생신이 마지막 생신잔치일 수도 있기 때문에 어르신과 그 가족들이 추억을 남겨 드리고자 많은 참석을 요청드리고 참석한 가족들에게는 포토 존에서 기념사진을 촬영하여 액자에 담아 드리고 있다.

② 가족과 함께하는 치유의 텃밭

부모님과 함께 가족들이 텃밭을 운영하게 나무상자 텃밭을 제공해 드리고 있다. 휠체어를 타신 어르신들도 텃밭에서 채소를 키우실 수 있도록 바닥엔 보도블럭을 깔아놓았다.

주말마다 가족들이 와서 부모님과 함께 텃밭을 운영하고 있다.

③ 가족초청 원예교실

단풍이 아름다운 가을에 가족들을 초청하여 야외에서 부모님과 함께 원예교실에 참여함으로써 부모님과 정을 나누도록 하고 있다.

④ 가족과 함께하는 시장놀이

가족과 함께 시장놀이에 참여하여 소비 욕구를 충족하고 시장의 활력감과 생동감을 느낄 수 있는 시간을 경험하고 어르신들은 가족들과 함께 행사에 참여하여 정서적인 지지를 얻고 가족들은 원내 행사에 관심을 갖게 하고 있다.

⑤ 가족과 함께 가든파티

어르신들과 가족들이 함께 케어팜이나 나눔숲에서 실시하는 가든파티에 참여하여 다양한 위문공연관람과 통닭 바비큐를 함께 드시며 가족들과의 친근감을 더하고 원내 생활에 활력감을 얻도록 하고 있다.

⑥ 가족과 함께 가을엽서 만들기

케어팜 프로그램의 일환으로 케어팜 참여 어르신들과 보호자들이 낙엽과 각종 꽃들을 이용하여 엽서를 만들어 안부나 사랑을 표현하고 싶은 가족들에게 엽서를 보내고 낭독하는 시간을 가지며 가족들과의 유대감을 강화하고 정서적인 안정감을 얻도록 하고 있다.

3) 카네이션 홈을 운영하다

"원장님~ 어머님과 함께 이곳에서 하룻밤을 지낼 수 있도록 카네이션 홈을 마련해 주셔서 감사드립니다.", "네~ 방이 춥지는 않았는지요?", "너무나 방이 따뜻했습니다.", "네~ 자주 이용해주세요~"

우리 시설은 경기도 군포에 위치하고 있어서 보호자분들이 서울에서 내려오시면 부모님을 모시고 서울까지 다녀오기가 부담이 되다 보니 부모님과 함께 하룻밤을 지내시기가 부담이 된다는 얘기를 듣고 그 문제를 해결하고자 의논한 결과 우리시설은 남부기술교육원과 함께 임대해서 사용하고 있는 직원사택이 있어서 그곳의 1실을 임대하기로 하고 실내를 리모델링하고 숙박용품, 주방용품을 갖추어 놓았다.

이 숙소를 카네이션 홈이라 명명하고 보호자분들이 카네이션 홈에서 1박하며 식사도 해결할 수 있도록 했다.

부모님과 이곳에서 1박을 원하시면 무상으로 임대해 드리고 있다.

15.
어르신의 안전을 위해서
화재 및 재난에 대비하다

"앵~~~~~~~~~~~~~, 사랑동 3층에 화재가 발생했습니다. 사랑동 어르신들을 안전하게 대피시켜주시기 바랍니다."

어르신들의 안전을 위해서 우리 시설에서는 반기별 재난 및 화재대피 훈련을 실시하고 있다. 노인요양시설의 특성상 화재가 발생한다면 큰 피해를 입을 수밖에 없다. 그렇기 때문에 화재예방에 힘써야 하며, 만약에 화재가 났을 때를 대비하여 대피훈련을 해놓으므로써 피해를 최소화하려고 노력하고 있다.

1) 화재 및 재난 시 대피훈련을 하다

어르신들과 직원들의 안전을 위하여 연 2회 상, 하반기로 나누어 화재 및 대피훈련을 실시하고 있다.

중대재해처벌방지: 매년 소방계획을 수립하여 화재예방 및 재난에 대비하고 있으며 관할 소방서와 함께할 경우도 있고 자체 훈련을 시행하기도 한다.

각 동별로 화재가 발생한 상황을 설정하고 화재 및 재난 시 진압 및 대피훈련 시나리오에 따라 훈련을 실시하고 있다.

〈화재(재난) 시나리오 예시〉

단계별	상황부여	행 동	해 설	비 고
화재발생 및 신고	○ 화재 발생 ○ 119신고	○ 10:15분 사랑동 3층 가동 "301호"방 화재 발생 ○ 화재발생 사실을 통보연락반에서 119신고	○ 지금 "301호"방에서 화재로 추정되는 연기가 치솟고 화재 수신기 경보음이 울리고 있습니다. ○ 최초 화재를 발견한 선생님이 불이야! 외친다. ****화재경보기 작동**** ****화재경보기 해제**** ○ 화재발생 사실을 통보연락반 대원이 확인 후 119에 화재가 발생하였다는 신고를 하고 있습니다. (행동 소요 시간에 따라 2~3회 반복 해설) ▶ (긴박한 음성으로) "여보세요! 119죠? 여기는 군포시 고산로 589 남부노인전문요양원 입니다. 현재 요양원 사랑동 3층 "301호"방에서 화재가 발생하였습니다. 빨리 출동하여 주시기 바랍니다.	○ 불이야 3번 반복: 최초 목격자 ○ 화재경보기 작동: ***(10:16분) ○ 화재경보기 해제: ***(10:17분) ○ 119화재신고: 10:18분 신고자: ***
화재경보 발령	○ 통보 연락반은 화재 발생 경보를 전파해 주시기 바랍니다.	○ 통보연락반 화재경보 전파	○ 여기는 남부노인전문요양원 자위소방대 지휘반 입니다. 10:15분 현재 "301호"방에서 화재가 발생하였습니다. 전 직원과 어르신들은 대피요원의 유도에 따라 신속하게 대피장소로 대피하여 주시기 바랍니다. 자위소방대원들은 분대별 임무 수행에 만전을 기하시기 바랍니다.(2회 전파)	

〈소방훈련〉

〈소방장비〉

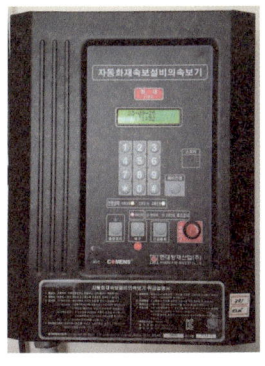
자동화재속보기

소화전

화재알림벨

배연창수신반

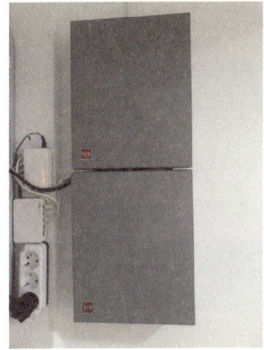
화재 시 자동개폐장치

화재 시 방화문 자동개폐

3) 안전관리위원회를 구성하여 운영하다

어르신의 안전을 위하여 원장을 위원장으로 하여 간부들로 구성한 안전관리위원회를 운영하고 있다. 위원회에서는 시설의 재난 및 안전관리에 관한 다음 사항을 심의·조정한다.

① 재난 및 안전관리정책에 관한 사항

② 안전관리계획에 관한 사항

③ 현장조치 행동매뉴얼 제정 및 개정에 관한 사항

④ 재난이나 그 밖의 각종 사고가 발생하거나 발생할 우려가 있는 경우 이를 수습하기 위한 관계기관 간 협력에 관한 사항
⑤ 그 밖에 위원회의 위원장이 회의에 부치는 사항

4) 소방안전관리자 현황표

소방안전관리자 현황표 (대상명 : 서울시립남부노인전문요양원)

이 건축물의 소방안전관리자는 다음과 같습니다.
- 소방안전관리자: 한○○(선임일자: 2000년 ○○월 ○○일)
- 소방안전관리대상물 등급: 2급
- 소방안전관리자 근무 위치(화재 수신기 위치): 1층 방재실

「화재의 예방 및 안전관리에 관한 법률」 제26조제1항에 따라 이 표지를 붙입니다.

소방안전관리자 연락처 : 010-000-1111

5) 각층에 설치한 피난대피로 및 위치도

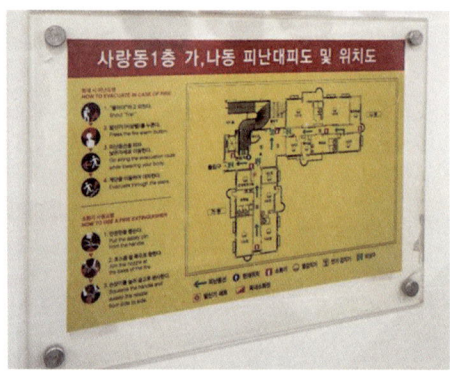

6) 피난미끄럼틀을 설치하다

4장

좋은돌봄을 위해서 직원들의 역량을 강화하라

1.
장기요양평가에서 전국 3위 했어요~

 장기요양기관에 대한 평가는 장기요양급여의 제공기준, 절차, 방법 등에 따라서 적정하게 급여가 제공되고 있는지를 국민건강보험공단이 평가하고, 그 결과를 공개함으로써 장기요양급여의 수준이 향상되도록 하기 위한 것이다. 즉 서비스의 질적 개선을 도모하는 것은 물론이고 입소자의 알권리를 충족하고 선택권을 확대해 나가는 데 그 목적이 있으며 평가는 정기평가와 수시평가로 구분하여서 실시하는데 정기평가는 3년마다 실시하고, 정기평가 결과 그 수준이 현저히 낮은 장기요양기관에 대해서는 수시평가를 실시하고 있다.
 국민건강보험공단은 장기요양급여의 종류별로 장기요양기관을 이용하는 수급자의 권리와 편의에 대한 만족도, 장기요양기관의 급여제공과정, 장기요양기관의 운영실태, 종사자의 전문성 및 시설환경, 그 밖에 장기요양기관의 운영개선에 관한 사항에 대해서 평가를 실시하고 있다.
 2008년 7월 장기요양보험의 개시 이후에 3년마다 실시하는 장기요양평가에서 매번 A등급 최우수기관으로 평가를 받았는데

2021년 평가에서는 99.55점으로 A등급은 물론 전국 3위의 평가를 받았다.

우리나라에는 노인요양시설이 4,057개 시설[1]이 있는데 이 중에 명실상부한 최고의 노인요양시설로 인정을 받은 것으로 생각하며 모든 직원들은 자부심을 가지고 일하고 있다.

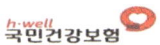

---

1. 2021년 노인복지시설현황. 보건복지부. 2022년.

2.
전문성을 갖춘 직원을 만들다

존엄케어를 위한 좋은돌봄의 실천은 직원들의 체계적이고 지속적인 교육이 반드시 필요하다. 직원들의 전문가적 능력만큼 어르신들에게 전문적인 양질의 돌봄서비스가 제공되기 때문이다.

따라서 신입직원에서부터 간부들에 이르기까지 직급별, 직종별 교육이 체계적으로 이루어져야 한다.

이를 위해서 각 직무별로 업무와 관련된 다양한 교육을 실시하여 어르신들에게 제공하는 돌봄서비스의 질을 향상하고 직원들의 전문성을 강화하도록 하여 역량 있는 직원들을 만들기 위해 노력하고 있다.

1) 조직의 미션, 비전, 핵심가치를 교육하다

① 미션

> 사랑과 섬김으로 어르신들의 인권을 중시하고 행복한 노후생활을 위해 최고의 서비스를 제공하는 요양원

② 비전

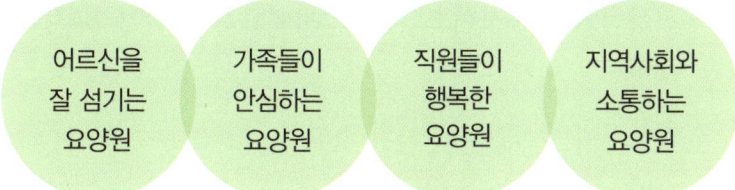

③ 핵심가치

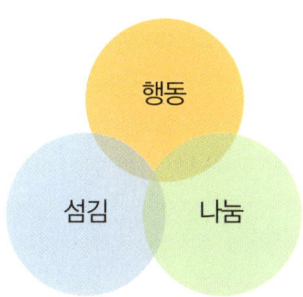

④ 슬로건

> 어르신 · 가족 · 직원이 행복한 요양원

2) 사업목표를 교육하다

① 기본목표를 정하다

- 어르신들의 안정적인 요양원 생활을 위한 개별적인 맞춤 의료서비스 제공과 24시간 전문인력의 케어서비스 제공
- 스마트 케어 시스템 활용으로 맞춤 케어 실시
- 치매 어르신을 위한 전문적인 서비스 실시
- 자연친화적 환경에서의 프로그램 · 행사 진행
- 어르신의 안전과 인권 존중을 최우선으로 하는 서비스 실시

- 서비스 질 향상을 위한 다양한 모색과 실천
- 전문적인 돌봄서비스 제공으로 어르신들의 인지기능 저하 예방
- 종사자의 행복한 직장문화 조성

② 중점목표를 정하다
- 각 층별 체계적인 의료서비스 제공
- 마음안심돌봄을 바탕으로 한 돌봄서비스의 제공
- 사례관리를 중심으로 한 전문적인 치매증상 관리
- 낙상 예방시스템을 이용한 낙상 사고 예방 및 체계적인 관리
- 5ZERO운동의 활성화
- 개인별 맞춤 기능회복 훈련
- 개별화 인지재활프로그램 실시
- "케어팜"과 "나눔숲"을 통한 자연친화적인 행사
- 전문 외부강사의 전문프로그램 제공
- 인권보호를 위한 인권지킴이단 활동 및 인권교육
- 서비스 질 향상을 위한 실질적인 QI(질 향상) 경진대회 실시
- 행복한 직장문화 조성과 노사상생문화 조성

3) 각 부서별 사업내용을 교육하다
① 사회복지팀 교육내용
- 입소상담, 어르신상담, 보호자상담, 지역연계, 사례관리, 인지기능프로그램, 여가프로그램, 교육, 특화프로그램, 사회

적응프로그램 교육

② 요양팀 교육내용
- 위생관리, 식사관리, 세탁관리, 환경관리, 물품관리, 이미용관리, 이동지원관리 교육

③ 간호팀 교육내용
- 기본의료, 의료지지, 의료대상자관리, 지역연계사업, 감염병방역관리 교육, 요양보호사 보건교육(응급, 욕창, 치매, 감염)

④ 재활팀 교육내용
- 물리치료, 운동치료, 작업치료, 기능회복훈련, 인지활동, 그룹활동, 보건교육, 기타 프로그램 관리 교육

⑤ 영양팀 교육내용
- 급식서비스, 위생교육, 안전교육, 조리법교육

⑥ 행정팀 교육내용
- 예산관리, 인사관리, 노무관리, 직원의 복리후생. 급여, 공문서관리, 시설회계, 물품의 구입 및 관리교육

⑦ 시설팀 교육내용
- 소방, 가스, 전기, 기계설비, 건축물, 환경미화, 차량, 세탁물관리교육

4) 돌봄서비스기술을 교육하다

- 3장 1. 돌봄기술에서 기술함.

5) 직원들의 업무를 분장하다

원장을 포함하여 모든 직원들의 업무분장내용을 만들어서 업무를 하도록 하고 있으며 직원부재 시 업무대행자를 지정하여 업무의 공백이 없도록 하고 있다.

6) 매년 실시하는 필수교육

교육 구분	사 업 내 용
급여제공 지침	① 종사자윤리(청렴교육, 청렴서약서) ② 응급상황대응 ③ 감염예방 및 관리지침 ④ 치매예방 및 관리 ⑤ 욕창예방 및 관리 ⑥ 낙상예방 및 관리지침 ⑦ 노인인권보호지침 ⑧ 개인정보보호 ⑨ 성폭력예방 및 대응 ⑩ 근골격계질환예방지침
법정의무 교육	① 직장내성희롱예방교육 ② 개인정보보호법교육 ③ 장애인인식개선교육 ④ 직장내괴롭힘예방 및 대응교육 ⑤ 긴급복지신고의무자 교육 ⑥ 노인학대예방교육(외부기관) ⑦ 노인인권교육(외부기관)
보수교육 (연수)	원장, 사무국장, 사회복지사, 간호사, 물리치료사, 영양사, 요양보호사 등
어르신 교육	노인인권 및 학대예방교육(내부·외부기관), 낙상예방교육, 재난상황대피훈련
필수교육	신규직원교육(급여제공지침, 운영규정, 업무분장), 재난상황대피훈련, 조리사 위생교육, 사회복지시설 재무회계 교육, 청렴교육, 친절교육
기타	소방교육, 노무교육, 회계교육, 국가복지정보시스템교육, 장기요양관련교육, 조리원 안전 보건교육, 사회복무요원관리교육, 기타 외부 교육 및 세미나 참석

7) 연중 직원교육계획

월	법정 · 필수교육		급여제공지침		보수교육	기타
	직원	어르신	환급과정 (전 직원)	요양보호사	보수교육	기타
1	신규직원 / 수시 / 조리원 안전보건 교육 / 매월	- 신규직원교육 (운영규정, 업무분장, 급여제공지침, 노인인권) - 조리원 안전보건교육	- 신규입소 (노인학대 예방 및 대응지침, 낙상예방교육)		- 감염 예방 및 관리 지침		노무관련 / 평가관련 교육 / 좋은돌봄 관련 / 장기요양 관련 / 사회복지 정보 시스템 / LCMS / 기타외부 교육
2		- 신규직원교육 (운영규정, 업무분장, 급여제공지침, 노인인권) - 조리원 안전보건교육	- 신규입소 (노인학대 예방 및 대응지침, 낙상예방교육)		- 응급상황 대응지침		
3		- 신규직원교육 (운영규정, 업무분장, 급여제공지침, 노인인권) - 조리원 안전보건교육	- 신규입소 (노인학대 예방 및 대응지침, 낙상예방교육) - 입소어르신 (노인학대 예방 및 대응지침 - 외부기관)		- 치매예방 및 관리지침	소방안전 관리자 교육	
4	신규직원 / 수시 / 조리원 안전보건 교육 / 매월	- 신규직원교육 (운영규정, 업무분장, 급여제공지침, 노인인권) - 조리원 안전보건교육 - 재난상황 대응훈련 - 사회복지시설 재무회계 교육	- 신규입소 (노인학대 예방 및 대응지침, 낙상예방교육) - 어르신 대상 낙상예방교육 - 재난상황 대응훈련		- 욕창 예방 및 관리지침	사회복지사 보수교육	
5		- 신규직원교육 (운영규정, 업무분장, 급여제공지침, 노인인권) - 조리원 안전보건교육 - 영양사 법정 위생교육	- 신규입소 (노인학대 예방 및 대응지침, 낙상예방교육)		- 감염예방 및 관리지침 - 기능훈련 회복	노인복지시설 물리치료사 연수	
6		- 신규직원교육 (운영규정, 업무분장, 급여제공지침, 노인인권) - 조리원 안전보건교육 - 청렴교육, 친절교육	- 신규입소 (노인학대 예방 및 대응지침, 낙상예방교육) - 입소어르신 (노인학대 예방 및 대응지침 - 외부기관)	–	- 응급상황 대응지침	사회복지사 보수교육	

월	법정·필수교육		급여제공지침		보수교육	기타
월	직원	어르신	환급과정 (전 직원)	요양보호사	보수교육	기타
7	- 신규직원교육 (운영규정, 업무분장, 급여제공지침, 노인인권) - 조리원 안전보건교육	- 신규입소 (노인학대 예방 및 대응지침, 낙상예방교육) - 재난상황 대응훈련	-	- 치매예방 및 관리지침	요양보호사 직무교육	노무관련 / 평가관련 교육 / 좋은돌봄 관련 / 장기요양 관련 / 사회복지 정보 시스템 / LCMS / 기타외부 교육
8	신규직원 / 수시 / 조리원 안전보건 교육 / 매월	- 신규직원교육 (운영규정, 업무분장, 급여제공지침, 노인인권) - 조리원 안전보건교육	- 신규입소 (노인학대 예방 및 대응지침, 낙상예방교육)	-	- 욕창예방 및 관리지침	사회복지사 보수교육
9		- 신규직원교육 (운영규정, 업무분장, 급여제공지침, 노인인권) - 조리원 안전보건교육 - 노인인권교육 (외부기관)	- 신규입소 (노인학대 예방 및 대응지침, 낙상예방교육) - 입소어르신 (노인학대 예방 및 대응지침 - 외부기관)	-	- 감염예방 및 관리지침	영양사 보수교육
10		- 신규직원교육 (운영규정, 업무분장, 급여제공지침, 노인인권) - 조리원 안전보건교육 - 조리사 법정 위생교육	- 신규입소 (노인학대 예방 및 대응지침, 낙상예방교육) - 재난상황 대응훈련	- 급여제공 지침교육 - 법정의무 교육 (개인정보 보호교육 외 6개)	- 응급상황 대응지침	노인복지시설 간호사연수
11		- 신규직원교육 (운영규정, 업무분장, 급여제공지침, 노인인권) - 조리원 안전보건교육 - 재난상황 대응훈련	- 신규입소 (노인학대 예방 및 대응지침, 낙상예방교육)	-	- 치매예방 및 관리지침	요양보호사 직무교육
12		- 신규직원교육 (운영규정, 업무분장, 급여제공지침, 노인인권) - 조리원 안전보건교육 - 노인인권교육 - 청렴교육, 친절교육	- 신규입소 (노인학대 예방 및 대응지침, 낙상예방교육) - 입소어르신 (노인학대 예방 및 대응지침 - 외부기관)	-	- 욕창예방 및 관리지침	회계교육 (수시)

8) 직종별, 개인별 업무매뉴얼을 교육하다

각 직종별, 개인별 업무매뉴얼을 만들어서 교육하고 매뉴얼에 맞게 업무를 시행하도록 하고 있으며 휴가 및 교육을 갔을 때 대체업무자를 지정하여 업무의 공백이 없도록 교육하고 있다.

① 요양보호사 업무매뉴얼

3교대 각조별(MD, E, D, N) 출퇴근시간과 식사 및 휴게시간, 조별 업무내용, 인수인계방법, 일일 돌봄서비스 진행과정 및 서비스내용, 서비스별 구체적인 업무내용, 스마트기저귀사용방법 및 관리, 서비스제공기록지 LCMS에 입력방법, 야간근무, 외출 및 외박관리, 면회 시 관리방법, 존엄케어방법, 5제로운동내용 등 업무내용을 매뉴얼화하여 교육하고 있다.

② 간호(조무)사 업무매뉴얼

기초의료서비스 업무내용, 보호자상담방법, 계약의 진료 및 의료기관의뢰방법, 업무기록 전산화업무방법(LCMS), 욕구사정 및 급여제공계획, 평가업무, 업무일지작성, 요양보호사관리 및 보건교육, 가정간호서비스업무, 감염예방관리업무를 매뉴얼화하여 교육하고 있다.

③ 야간간호조무사 업무매뉴얼

입소어르신 건강상태확인, 복용약관리, 혈당체크 및 인슐린주사, 야간병원동행, 응급상황대처 및 관리, 상처관리용품 소독 및 준비, 집중관리어르신 건강상태관리, 보호자상담, 전산입력시스템(LCMS) 입력, 야간의무일지작성, 의료소모품관리, 간호관련일지 통계작성, 의료서비스 실적정리, 퇴소, 사망자 차트정리 등을 업무매뉴얼화하여 교육하고 있다.

④ 물리(작업)치료사 업무매뉴얼

어르신 물리치료방법, 일일, 주간. 월별, 연간 업무내용, 작업치료업무, 건강체조, 기능회복훈련, 산책프로그램운영, 그룹치료, 보건교육, 인지재활프로그램, 직원근골격계조사 및 근골격계 위험군파악 및 관리, 물리치료장비현황 및 사용법, 작업치료 도구현황 및 사용법, 전산입력시스템(LCMS)입력 등을 매뉴얼화하여 교육하고 있다.

⑤ 사회복지사 매뉴얼

숙소담당별 관리업무, 어르신입소업무, 어르신퇴소업무, 무연고어르신 소천 시 업무, 상담 및 일지작성, 기초어르신금전관리, 보호자관리업무, 장기요양등급갱신업무, 사례관리, 자원종사자관리, 면회관리, 실습생관리, 인권교육관리, 담당별 프로그램진행 및 관리, 각종행사업무, 필수교육, 전산입력시스템(LCMS)입력 등의 업무를 매뉴얼화하여 교육하고 잇다.

⑥ 행정지원팀 매뉴얼

문서관리 및 수발업무, 이메일관리, 일일, 주간, 월간, 연간 일정관리, 홍보, 행사, 홈페이지, 각종변경신고, 법인보고, 운영규정 및 취업규칙 재개정, 각종회의주관, 일일출근현황 및 근태현

황보고, 직원모집공고, 직원입사 전 범죄경력조회 및 노인학대경력조회, 직원인사카드등록 및 관리, 장기요양인력변경보고, 근로 및 임금계약, 연차관리, 출장관리, 각 증명서관리, 직원임명대장관리, 비상연락망관리, 법정필수교육관리, 건강검진관리, 대체인력지원사업, 장기요양회계업무, 장기요양급여비용청구, 입소자급여계약, 5대보험, 각종보험업무, 급여관리, 법인카드 및 복지카드관리, 퇴직연금, 각종세금업무, 후원금품관리, 구매 및 계약업무, 각종수리관련업무, 고정자산관리업무, 입찰 및 계약업무, 연간단가업무 등의 업무를 매뉴얼화하여 교육하고 있다.

⑦ 영양사 및 조리원 매뉴얼

식단작성, 식재료구매 및 검수, 식재료발주 및 보관, 조리작업 및 배식관리, 퇴식 및 식기세정관리, 식중독 예방 및 보존식관리, 식중독발생 시 대응, 조리원개인위생, 안전보건교육, 주방위생관리, 조리장위생관리, 음식물쓰레기관리, 요리프로그램 등을 매뉴얼화하여 교육하고 있다.

⑧ 시설관리원 매뉴얼

전기설비관리, 방재실 및 소방설비관리, 식당 및 세탁실 가스관리, 수목관리, 실내공기질관리, 상하수도관리, 승강기관리, 실내외소독관리, 냉난방관리, 일일업무, 주간업무, 월간업무, 연간업무를 매뉴얼화하여 교육하고 있다.

⑨ 위생원 매뉴얼

세탁물분리, 세탁물건조, 청소, 세탁 후 관리, 침구류관리, 일지작성, 구매업무, 일일, 월간, 연간업무를 매뉴얼화하여 교육하고 있다.

업무매뉴얼

3. 직원들의 역량을 강화하라

 매년 12월 말에는 하반기 업무평가와 차기년도 사업계획을 수립하는 자체 주임급 이상 간부들과 워크숍을 실시하고 있다. 이 워크숍에서 외부전문가를 초청하여 교육을 받기도 하고 원장이 주관하여 요양원 운영전반에 대해서 간부들과의 토론을 통하여 발전방안을 수립하고 있다.
 또한 이 워크숍을 통해서 차기년도 사업계획을 구체적으로 세우고 있으며, 실천방안에 대해서도 계획을 수립하고 있다.

1) 직종별 역량강화교육을 실시하다
① 요양보호사 역량강화교육
 격월로 간호과장과 물리치료과장이 급여제공지침을 실시하고 있다. 급여제공지침 교육내용은 종사자윤리, 응급상황대응, 감염예방 및 관리지침, 치매예방 및 관리, 욕창예방 및 관리, 낙상예방 및 관리, 노인인권보호지침, 개인정보보호, 성폭력예방 및 대응, 근골격계질환예방지침을 교육하고 있다.

돌봄용품 올바른 사용교육과 서비스질 향상을 위한 여러 가지 돌봄기법을 교육하고 있으며, 존엄케어를 위해서 인권지도사 교육과 리스트관리교육을 실시하고 있다.

특별히 마음안심돌봄서비스 기법을 잘 숙지하고 실시하고 있는지를 점검하며 서로 토론을 통하여 향상방안을 만들어가고 있다.

② 사회복지사 역량강화교육

매년 사회복지사 법정 보수교육을 사회복지사협회로부터 8시간 실시하고 있으며, 사례관리교육, 자원봉사자 인증관리교육, 상담교육, 프로그램향상교육, 급여제공지침교육, 국내외 요양시설견학 등을 실시하고 있다.

③ 간호사 역량강화교육

매년 간호(조무)사 법정 보수교육을 간호사협회, 간호조무사협회로부터 8시간 실시하고 있으며, 감염예방관리교육, 웰다잉교육, 노인전문간호교육, 리스크관리교육, 급여제공지침교육, 돌봄용품박람회 견학 및 국내외 요양시설견학 등을 실시하고 있다.

④ 물리(작업)치료사 역량강화교육

매년 물리치료사 법정 보수교육을 물리(작업)치료사협회로부터 8시간 실시하고 있으며, 연부조직가동술교육, 퇴행성 뇌질환에 따른 노인운동치료교육, 노인물리치료를 위한 저항운동교육, 급여제공지침교육, 돌봄용품박람회 견학 및 국내외 요양시설견학 등을 실시하고 있다.

⑤ 영양사 역량강화교육

매년 영양사 법정 보수교육을 영양사협회로부터 8시간 실시하고 있으며, 노인급식레시피교육, 뇌심혈관계질환자의 영양관리, 대사증후군예방 및 관리를 위한 영양관리교육, 근골격계질환과 영양관리교육, 약물에 의한 합병증과 영양관리교육, 연하장애치료식교육, 안전보건교육, 조리기법향상교육, 급여제공지침교육, 케어푸드박람회 견학 및 국내외 요양시설견학 등을 실시하고 있다.

⑥ 행정직 역량강화교육

물품구매 및 계약업무교육, 인사·노무교육, 재무회계교육, 희망이음정보시스템교육, 급여제공지침교육, 국내외 요양시설견학 등을 실시하고 있다.

⑦ 시설직 역량강화교육

가스안전교육, 소방안전관리교육, 실내공기질관리교육, 엘리베이터안전관리 교육, 중대재해관리교육, 급여제공지침교육, 소방안전박람회 등을 실시하고 있다.

⑧ 조리직 역량강화교육

매월 안전보건교육, 조리기법교육, 위생교육, 급여제공지침교육 등을 실시하고 있다.

⑨ 위생직 역량강화교육

청소관리교육, 위생관리교육, 세탁향상업무교육 급여제공지침 교육 등을 실시하고 있다.

2) 직급별 역량강화 교육을 실시하다

우리 요양원의 직급체계는 평직원, 주임, 대리, 과장, 차장, 부장(사무국장), 원장으로 되어 있으며 평직원이 3년 경력을 갖추면 인사평가를 거쳐 주임으로 진급하며, 주임으로 2년의 경력을 갖추면 인사평가를 거쳐 대리로 진급하며, 대리로 3년의 경력을 갖추고 운영규정과 직무평가시험을 통과하면 인사평가를 거쳐 과장으로 진급하게 된다.

과장 이상은 직급별 자리가 비어있어야 진급할 수 있다.

요양보호사가 주임으로 진급하기 위해서는 사회복지사자격 또는 간호조무사 자격을 갖추도록 하고 있다.

① 주임급 역량강화교육

마음안심돌봄케어기법의 기본교육과 향상교육, 리더십교육,

운영규정교육, 장기요양관련법령교육, 노인인권향상관리교육, 돌봄기술향상교육, 케어용품관리교육 등을 실시하고 있다.

② **대리급 역량강화교육**

복지조직관리교육, 리더십교육, 운영규정교육, 인사노무교육, 마음안심돌봄케어기법 향상교육, 장기요양관련법령교육, 노인인권향상관리교육, 돌봄기술향상교육, 케어용품관리교육 등을 실시하고 있다.

③ **과장급 이상 역량강화교육**

복지경영기법교육, 조직혁신관리교육, 노인성질환교육, 노인요양관련법령교육, 선진노인요양시설견학 등을 실시하고 있다.

④ **사무국장, 원장 역량강화교육**

각 협회에서 실시하는 최고위과정교육, 복지경영기법교육, 조직혁신관리교육, 노인성질환교육, 노인요양관련법령교육, 선진노인요양시설견학 등을 실시하고 있다.

3) 매년 사업계획수립 및 평가를 위한 워크숍을 실시하다

신년, 반기별 워크숍을 실시하고 있다.

신년워크숍은 새해에 우리 요양원이 집중적으로 시행할 사업계획을 수립하기 위하여 주임급 이상 직원들이 모여서 토의하고 부서별 전략회의를 거쳐서 새해에 중점적으로 시행할 사업계획을 수립하고 있다.

전반기는 사업실적을 분석하여 목표를 얼마나 달성했는지와 실적이 부진하다면 문제는 무엇인지를 토론을 통해서 분석하고 하반기에는 목표 달성을 위해서 어떤 점을 더 보완해야 하는지를 계획한다. 연말에는 하반기 사업실적을 분석하고 목표에 미달한 사업에 대해서는 보완하여 다음 연도 사업에 반영하고 있다.

4) 국내연수

우수직원들을 선발하여 국내 우수시설을 견학하거나 복지용구 박람회 등에 관람을 통해서 업무능력을 향상시키고 있다.

5) 해외연수

매년 직종별로 우수 직원들을 선발하여 원장과 함께 선진국의 요양시설을 견학하거나 국제 복지용구박람회에 참가하여 업무능력을 향상하고 있다.

6) 기타역량강화교육

전 직원들에게 직무와 직접 관련이 없다 하더라도 업무능력 향상을 위한 교육을 받고 싶다면 이를 허용하고 있으며 필요에 따라서는 교육비도 지원하고 있다.

  또한 한국노인복지중앙회, 서울시사회복지협의회, 서울사회복지사협회, 서울복지재단, 한국보건인력개발원, 서울시노인복지협회 등에서 실시하는 역량강화교육에 참여하고 있으며, 원장과 사무국장은 최고경영자교육 등에 참여하여 시설경영능력을 향상시키고 있다.

4. 최고의 자기개발왕을 찾아라

직원들의 역량을 강화하기 위해서 시설차원에서 내외부 교육을 실시하고 있으나 그것만으로는 직원들의 역량을 강화하는 데 한계가 있다고 판단하여 자발적인 자기개발을 하는 직원들을 발굴하여 칭찬하고 격려하고 있다.

1) 자격증을 취득하라

각자 관련 직종의 자격증을 취득한 직원들을 찾아서 격려하고 인사고과에 반영하고 있다. 요양보호사들의 경우에는 간호조무사 교육을 받고 자격을 취득하는 직원도 있고, 사회복지사는 상담사 자격이나 프로그램 자격을 취득하는 직원도 있다.

2) 직종과 관련된 서적을 탐독하라

노인요양과 관련 서적이나 각 직종별 관련 서적을 많이 읽는 직원을 찾아서 독서왕 칭호와 인사고과에 반영하고 있다. 초고령사회로 나아가며 관련 서적들이 많이 출판되고 있는데 이런 종류의 책을 많이 사서 읽는 직원들이 있는데 이를 통해서 우리 시설을 향상시켜 나가는 데 많은 기여를 하고 있다고 생각하고 있어서 시설에서도 간부들에게 관련서적을 구입해서 읽도록 하고 있다.

3) 관련업무를 개선하라

각자 맡은 업무에 대해서 업무개선을 한 직원을 찾아서 칭찬과 함께 표창하고 인사고과에 반영하고 있다. 직원들에게 맡은 업무를 개선하여 업무의 효율성을 높이는 데 많은 기여를 하고 있다고 생각하여 1년에 1회 업무개선 향상대회를 실시하고 있다.

5장

돌봄현장에서 겪은 감동의 스토리

1.
팀장이 내 엄마 같다!
내가 왜 이러는지 몰라~

"원장님~ 내가 틈틈이 뜨개질해서 만든 목도리에요~ 겨울에 추우실 텐데 목에 걸고 다니세요~"

원장에게 선물하려고 눈도 침침하신데도 1달 정도 틈틈이 털실로 뜨개질을 하셨다고 한다.

입소하신 초기에는 작은 일에도 직원들에게 화도 잘 내고 때론 물건을 직원들에게 던지는 행동도 서슴없이 하시는 등, 감정기복이 심한 어르신이였다.

그러다보니 팀장이 상담을 할 때면 팀장도 직원들하고 같은 요양보호사니까 팔은 안으로 굽는다며 대화를 거부하시기도 하며, 화가 나면 삭이지 못하고 바로바로 직원들에게 화풀이를 잘하시는 어르신이였다.

평소에 자주 자녀들이 걱정이 된다며 자녀들에게 전화를 걸 때가 있는데 그때 전화를 받지를 않으면 아들 딸들이 전화를 안 받아 걱정이 되고 애가 타서 죽겠다며 하소연을 많이 하셨다.

그때마다 자녀분들이 바빠서 전화 못 받은 거라고 위로도 해드리며 말벗 등 정서적 지원을 해드리며 심리적 안정을 위해서 노력하였다.

마음안심돌봄 기법에 따라 직원들이 출근하면 매일 어르신을 안아주며 스킨십도 하며 밤새 보고 싶었다고 말을 하는 등 어르신이 마음의 안심을 갖고 생활하시도록 모두가 노력했다.

그런데 어느 날부터는 팀장이 출근 안 하는 날이면 팀장이 기다려진다며 "팀장이 내 엄마 같고 나를 잘 챙겨주는 언니 같다! 내가 왜 이러는지 모르겠다. 내가 더 나이 먹고 엄마뻘인데 이상하게 거꾸로 가는 것 같다"며 팀장의 볼에 어르신 입술을 갖다대며 스킨십을 하곤 하신다. 그럴 때마다 팀장도 어르신을 꼭 껴안고 등을 토닥여드리곤 한다.

어르신께서 팀장에게 많은 의지를 하며 신뢰를 하시며 안정되고 평안한 생활을 하셨다. 화를 내는 횟수도 줄고, 직원들과도 잘 지내고 계셨다.

이 어르신께서는 뜨개질하는 게 취미셔서 매일 틈만 나면 뜨개질을 하는 게 일과일 때가 많았다.

이곳에 온 것에 대해서 항상 감사하고 이렇게 잘 먹고 잘 살게 해준 원장님이 너무 고마우시다며 어느 날부터 원장님 드린다며 목도리를 만들어 선물도 하셨다.

이 어르신은 손재주가 좋으셔서 종이접기 시간을 매우 좋아하셨고 종이학을 천 마리 접으셔서 직원들에게 선물하기도 하셨다.

얼마 전에는 건강이 안 좋으셔서 병원에 1달간 입원하고 귀원하셨는데 어르신께 인사를 드렸더니 "누구세요?", "저에요~ 박 팀장입니다." 기억이 잘 안 난다며 가물가물하다고 하신다.

이 어르신은 치매로 입소하신 분이란 사실을 잊고 있었다. 그렇다. 치매라는 질병은 오랜 기억은 남아 있지만 최근 기억을 잘 잊어버리는 것이 특징이다.

우리들을 잊어버리셨어도 다시 마음안심돌봄을 통해서 내가 엄마 같다는 말씀을 듣도록 노력할 것이다.

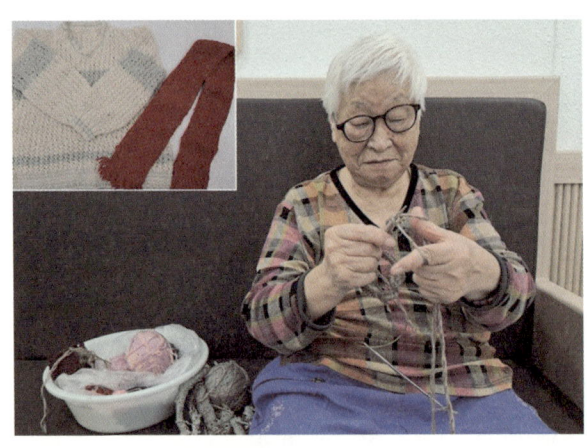

2.
우리는 인생의 마지막을 지키는 파수꾼!

"원장님~ ○○○ 어르신(92세, 여)께서 식사를 잘 못 드시더니 오늘은 의식도 흐려지시는 것 같습니다."

요 며칠 아무 것도 못 드셔서 그런지 의식이 점점 없어져 가신다. 나의 느낌에 아무래도 며칠 못 사실 것 같다. 아드님께 어머님의 상태를 자세히 설명드리고 어떻게 하실지를 여쭤보니 요양원에서 임종을 보시면 좋겠다고 하신다.

계약의 선생님께서 판단하시면 좋겠다 싶어서 의뢰드리니 어르신상태를 살펴보신 후 모든 신체기능이 저하되셔서 얼마 못 사실 것 같다고 하셨다.

"원장님! ○○○ 어르신께서 점점 눈도 뜨지 못하셨는데 어제는 제 목소리에 기운차리시고 제가 드린 이온음료까지 편안히 드신 후 손도 꼭 잡아주셨는데 오늘 아드님께서 지켜보시는 가운데 천국 가셨습니다!"라며 ○○○ 요양사가 말을 전하면서 이런 말도 전한다.

"○○○ 어르신은 제가 보살펴드렸던 어르신이라서 그런지 막상 천국 가시니 슬프기도 하고… 임종하시기 전에 어르신께서 가족도 못 알아보셨는데… 제 요양서비스를 온종일 받으시고 제 손을 꼭 잡으시길래 찬송도 불러드리고 기도해드리며 사랑합니다~ 하니까 눈물까지 보이시는 거에요! 얼마나 제 마음이 아프던지요! 그래서 손발톱 전부 깎아드리고 온 몸을 잘 닦아드리고 얼굴도 예쁘게 해드리고 보내드 렸습니다~"

"어르신께서 제가 휴무인 동안 많이 앓고 계셨다는데? 저를 보고 가시려고 기다리신 것은 아닌지? 생각했습니다!"

○○○ 요양보호사의 얘기를 들으니 천사가 따로 없다는 생각을 했다. 이 어르신과 함께 몇 년을 보냈으니 정이 많이 들었나보다 생각했다. 이렇게 요양원에서 어르신들과 살다 보면 부모님처럼 섬기는 직원들이 참 많은 것 같다.

어르신들을 이렇게 천국으로 보내드릴 때마다 어르신들의 각각의 모습에서 느끼는 상황과 대처는 다 다른 느낌과 감정이 있다.

임종을 대하는 보호자들의 표정과 감정, 직원들의 표정과 감정이 다 다르다는 생각이 들었다.

인생의 마지막을 지키는 파수꾼이 바로 요양원의 돌봄종사자들이다. 가끔 임종을 통해서 느끼는 감동의 그 순간의 잔향을 참으로 죽어서도 잊지 못할 것 같다.

인생의 마지막을 지키는 귀한 파수꾼! 그대들은 이 시대의 영웅이다.

3.
"김 선생~ 너무 고마워~ 이제 엉덩이가 안 아퍼요~"

　대부분의 어르신들이 처음 요양원에 입소하시면 요양원 환경이 낯설어서 한동안 말씀도 없고 의사소통도 거부하신다.

　윤○○ 어르신(여/94세)이 처음 입소하셨을 때는 담당요양보호사가 질문을 해도 대답도 없으시고 거의 말씀을 안 하시며 의사소통을 거부하셨다.

　이분은 우리 요양원에 입소하시기 전에 다른 요양원에 계셨는데 그때 화장실에서 넘어져 대퇴부 골절로 병원에서 입원치료 받으시고 우리 요양원에 입소하게 되었다.

　이분은 골절치료로 인해서 보행이 어려운 상황인 데다가 고혈압, 치매 등의 질병도 있으셔서 약을 복용하고 계셨는데 우리 요양원에 오셔서는 침대에 누워만 계시려고 하셨다.

　산책 좀 하시자고 권면을 해도 거부하시고 침대에만 누워 계시려고 하셨다.

　입소 초기에는 우울증 증상도 보이시고 식욕도 없으셔서 식사도 갈은 죽으로 5숟가락 정도만 드시는 등 삶의 의욕이 없으시고 무기력함을 보여주셨다.

의사소통이 안 되니 어르신이 뭘 원하시는지 알 수가 없어 담당요양보호사들이 많은 어려움을 겪었다.

"어르신~ 입맛이 없으세요? 뭐 드시고 싶은 거 없으세요?" 이렇게 말씀드려도 고개만 저을 뿐, 대답이 없으셨다.

이 어르신은 10년 전에 알츠하이머 치매 판정을 받으시고 고혈압과 함께 지병생활을 집에서 쭉 이어오시다가 화장실에서 자주 넘어지시는 등 집에서 돌봄이 어려워서 요양원에 입소하게 되셨는데, 또 요양원 화장실에서 넘어져서 대퇴부가 골절되어 병원에서 입원생활을 해 오셨는데 병원에 입원하실 당시에 체위변경이 잘 안 되었는지 엉덩이 꼬리뼈 부분에 3~4cm 되는 욕창이 있는 상태로 입소하셨다.

간호팀에서는 이분의 욕창치료를 위해 노력한 결과 입소 3개월만에 욕창이 호전을 보였다.

욕창치료와 함께 모든 직원들이 마음안심돌봄서비스로 대화도 하게 되면서 의사소통이 이루어지며 원하는 서비스를 제공하게 되면서 많이 호전된 모습을 볼 수 있었다.

의사표현이 없는 어르신이다 보니 직원들이 어르신을 뵐 때마다 미소로, 끊임없는 대화로, 다정한 스킨십 등으로 어르신이 마음문을 열도록 노력을 많이 했다.

무엇보다 식사를 너무나 극소량만 드셔서 영양상태가 나빠질 것에 대비하여 식사를 대체할 만한 부드러운 과일이나 간식 등을 준비하여 입맛에 맞게 해드리고 드시고 싶은 음식을 제공해 드리면서 점차 식사량이 늘어갔다.

　입소 후 3개월 정도 이렇게 모든 직원들이 노력한 결과 요양보호사들의 도움 없이도 스스로 갈은 죽 한 그릇 다 드시고, 선생님들의 질문에 서서히 입을 열으시며 대답도 잘 하시고 밝은 모습으로 점차 변해갔다.

　입소할 당시에 욕창이 심한 상태였으나 꾸준한 영양관리와 드레싱 치료, 체위변경에 노력하여 지금은 욕창이 완치가 되었다.

"김 선생~ 너무 고마워~ 이제 엉덩이가 안 아퍼요~"

4.
어르신~ 엉덩이에 뭐가 묻었어요?

 치매이신 어르신들의 대표적인 행동증상의 하나가 기저귀를 벗어던지고 대변을 보시면 손으로 대변을 만지시고 대변을 주변 벽이나 침상에 묻히는 행동을 보이시는 것이다.
 박○○ 어르신(여/84/치매)도 침상에서나 휠체어 타고 계시면 기저귀를 스스로 빼서 벗어 던지는 행동을 습관처럼 하신다.
 그러다보니 기저귀가 없는 상태에서 소변 및 대변을 보시면 휠체어에 묻히시고 손으로 만지시는 등 불안정한 행동을 하신다.
 이로 인해 어르신의 다리 안쪽 피부가 빨개지며 상처가 생겨서 피부감염의 위험이 있고 하의도 수시로 갈아입혀 드려야 하는 등 돌봄에 어려움이 있다.
 침상에 누워 계실 때도 침대에서 계속 내려오려는 행동을 하셔서 낙상 위험이 커서 좀더 세심한 관찰이 요구되었다.
 치매증상이 심하다 보니 본인의 방을 못 찾고 다른 어르신들 방에 들어가셔서 다른 어르신들의 물건들을 만지는 등 다른 어르신들께도 불편함을 드렸다.
 치매의 특성이 불안한 감정과 두려움, 익숙하지 못한 환경에 대한 부적응 등이 나타난다.

  이러한 불안정한 행동에 대한 모든 직원들은 이 어르신을 항상 예의주시하며 이상행동의 문제를 해결하기 위해서 직원들과 함께 산책과 말동무를 지속적으로 해드리는 등 마음의 안정을 드리기 위해 노력하였다.

  또한 불결한 행동에 따른 위생관리에 도움을 드림과 함께 보호자님과의 상담을 통해 치매전문의의 진료를 통해서 의료도움도 받아 점차적으로 나아져 어르신의 행동조절이 안정된 모습이 보였다.

  요양보호사들과 간호사 등 여러 직원들의 도움으로 기저귀를 빼는 행위나 침대에서 내려오려는 행위 등 문제될 만한 행동의 횟수가 줄어들며 점차 나아지고 있다.

  무엇보다도 수면이 안정적이고 잘 주무시고 식사 또한 본인 스스로 잘 드시며 식사량도 양호하다.

  어르신께서 호전된 모습을 되찾아 보호자님께서 감사의 말씀을 해주셔서 요양보호사로서 보람과 만족감을 느껴 이 직종에 자부심을 느끼게 된다.

  어르신을 부모님처럼 생각하며 따뜻하고 배려 깊은 보살핌으로 어르신의 삶과 질이 향상될 수 있도록 도와드리는 직원들의 모습은 아름답다.

5.
"나 오빠(아들)한테 갈거야!! 오빠(아들)가 기다린다고~"

김○○ 어르신(80세/여)~

2023년 3월 28일 예쁜 눈을 가진 앳된 모습의 예쁘신 어르신이 아들이랑 함께 우리시설에 입소하기 위해 오신 첫인상이다.

입소 상담 시 요양원에 입소하러 오신 것도 모르고 이제부터 아들과 떨어져 생활해야 한다는 것을 알지도 못하시는 상태에서 어르신은 천진난만하게 웃으며 "안녕하세요? 나는 ○○○입니다."라고 인사를 나누던 모습이 지금도 생생하게 기억이 난다.

어르신께서는 다른 치매어르신들보다 훨씬 빠른 속도로 치매가 진행되고 있다고 하시며 남들은 10년에 걸쳐 진행되는 속도인데 어머님께서는 3년 만에 중증의 치매 진단을 받으실 만큼 빠르게 진행 중이라고 했다.

어머님은 아들과 한 번도 떨어져 생활하신 적이 없다라고 하셨다. 그런 분이 본인의 의지와 상관없이 아들 손에 이끌려 시설 입소를 하기 위해 오셨다.

그렇게 본인의 의지와 상관없이 시설에 입소한 어르신은 처음부터 낯선 환경에 적응하지 못하시는 등 모든 면에서 상당히 반항적이셨고, 출입문을 향해 달려가면서 큰소리로 '나 오빠(아들)한테 갈거야!! 오빠(아들)가 기다린다고~"며 상당히 흥분한 상태로 자꾸 밖으로 나가시려는 모습이 보였다.

그러다 보니 문 앞에 서서 문을 열어달라고 소리를 치거나 숙소를 심하게 배회하시는 등 안정을 찾지 못하고 불안해하셨다.

화가 나시는지 웃옷을 벗어 바닥에 던지고 문앞에서 문을 열어달라며 문을 두드리면 "어르신~ 조금 있으면 아드님이 오실 겁니다. 조금만 기다려 보세요~"라고 하면 듣지도 않으시고 무서운 눈으로 째려보며 큰소리로 욕하시는 등 계속 흥분상태가 지속되면서 첫날은 방에 들어가시지 않고 뜬눈으로 새우며 밤새 오빠(아들)만 찾았다.

대개 치매환자의 이런 행동을 종사자들이 겪게 되면 매우 돌봄에 어려움을 겪는다.

그래서 우리 요양원에서는 마음안심돌봄기법을 활용하여 돌봄서비스를 제공하고 있다.

이런 치매어르신의 경우에 언제 어떤 모습으로 돌변할지 예측할 수 없어 종사자 입장에서도 난감해한다. 어르신 상태에 대해 정확한 정보 파악이 안 된 상태이기 때문에 대응이 어려운 것이다.

치매어르신들에 대한 여러 가지 치매증상 중에 배회가 심한 어르신의 경우가 돌봄서비스를 제공하는 데 많은 어려움이 있다.

이 증상에 대처하기 위해서 우리 요양원에서는 마음안심돌봄기법을 적용한다.

이런 어르신의 경우엔 마음의 불안을 없애고 마음의 안정이 무엇보다 중요하다. 그래서 어르신과의 라포형성이 무엇보다 중요하다. 이를 위해서 어르신과 눈 맞추고, 미소짓는 얼굴로 말하고, 사랑을 담아 손부터 스킨십을 통해서 안아드리는 것까지를 통해서 어르신과 마음으로 교감이 이루어져야 한다.

그리고 스스로 적응할 수 있도록 기다려주는 것이 중요하다. 그렇게 돌봄을 하다 보니 어르신도 안정을 찾고 점차 숙소 생활에 적응하며 다른 어르신들과도 어울리며 지내게 되었다.

입소하시고 한 달 정도 시간이 지나면서 치매전문의와의 상담과 복용약의 조절을 병행하며 어르신의 욕구를 파악하며 정서지원과 말벗을 해드리고 실내를 벗어나 정원산책을 하시면서 어르신의 감정 조절이 서서히 되었다.

그러면서 화내시는 것도 줄어들고 배회증상도 서서히 줄어들면서 그렇게 찾던 오빠(아들)를 찾는 횟수가 줄어들었다.

또한 숙소 내에 친하게 지내시는 분도 생기면서 다른 어르신들과도 함께 잘지내며 적응해 나갔다.

무엇보다도 종사자들과 소통에 어려움이 없게 되면서 안정을 찾고 적응할 수 있었던 것 같다.

첫날에는 숙소도 못 찾아가던 어르신이 이제는 이름이 새겨진 협탁을 보시고 "여기가 내 자리야!" 하시며 편하게 주무시고 연배가 많은 어르신을 잘 따르며 숙소 생활을 잘 적응하였다.

존엄케어를 위한 마음안심돌봄서비스 방법이 참 좋은 돌봄기법이란 걸 어르신의 변화 과정을 보면서 직원들이 느끼게 되는 계기가 되었다.

요즘은 어르신께서 직원들이 퇴근한다고 인사를 하면 "할매, 어디 가? 나도 같이 가면 안 돼?"라고 물어 보셔서 미소를 지을 때가 많다.

"할매 잠깐 집에 갔다가 내일 올게요!"라고 하면 "알았어! 잘 갔다 와요?" 하며 배웅을 해 주신다. 어르신께서 첫날 입소 때 보여주셨던 예쁜 눈과 소녀의 미소 천진난만한 어린아이의 웃음을 찾은 것에 정말 감사하며 건강하게 오래 오래 잘 계셔 주셨으면 하는 바람이다.

6.
엄마~ 엄마~

박○○(여/84세) 어르신은 강원 홍천에서 농사를 짓고 사셔서 그런지 체구에 비해서 힘이 좀 센 편인 완고한 어르신으로 치매증상으로는 도둑망상, 언어폭력을 동반한 폭행 등으로 입소 첫날부터 한숨도 안 주무시고 밤새 숙소배회를 하며 문이란 문은 다 열어 보고 집에 가시려고 출입문을 찾아 헤매셨다.

직원들이 어르신이 걱정이 되어 친밀감을 형성하기 위하여 어르신~ 하고 부르기라도 하면 도끼눈을 뜨시고 적대감을 온몸으로 표하시며 죽일 듯이 쳐다보셨다.

몸에 손이라도 닿으면 가차 없이 입으로 깨물려고 하시고 주먹질을 하시거나 발로 차는 등 폭력을 행사하셨다.

자녀들은 그런 어머니에 대한 행동증상을 아시고 혹여나 학대를 당하지는 않는지 걱정이 돼서 하루가 멀다 하고 어르신과 영상통화나 면회를 신청하였지만 어르신은 스스로 하고 싶지 않으시면 어떤 일에도 협조가 전혀 되지 않는 불통 그 자체였다.

특히 면회 시에는 어르신이 면회를 거부하셔서 자녀들과 함께 영상으로 자녀들의 모습이나 목소리로 어르신을 설득하고 우리도 어르신을 어떻게든 면회 장소까지 모시고 가려고 애쓰다 보면 면회 장소에 모시는 데까지 40분에서~1시간 이상 소요되기도 했다. 그러나 1시간 이상 영상으로 간절하게 엄마~ 엄마~를 수백번을 더 부르며 면회를 희망했지만 면회도 하지 못하고 보호자가 발걸음을 돌릴 때도 있었다.

또한 기저귀에 대소변을 보시면 기저귀 교체를 해드려야 하는데 이것 또한 쉽사리 허락을 하지 않아 도와드리려고 하면 내 몸을 건드리지 말라는 무서운 눈빛으로 요양보호사들을 노려보시고 완강히 거부하셔서 서너 명이 협력하여 어렵게 기저귀를 교체하는 경우가 일상이였다.

그 외에도 도둑망상, 수면장애로 야간에는 숙소배회 등의 증상이 심각했는데 타인 물건에 대한 인식이 없어 숙소 배회 시 타 어르신들의 물병이며 양말이며 먹거리까지 바지 속이나 기저귀 속에 그리고 앞지락에 넣어 나오는 바람에 피해 어르신들이 내 물건 훔친 도둑X이라며 고성이 오가곤 했다.

그런 어르신을 직접 돌보는 요양보호사만의 문제가 아니라 우리 시설 모두의 문제가 되어 이 분의 행동증상을 해결해보려고 여러 번 토의도 해보고 여러 가지 돌봄기법을 도입하여 적용해 보았으나 뚜렷한 해결은 보이지 않는 채로 그렇게 시간이 흘러갔다.

문제는 시간이 흐르면서 담당요양보호사들은 어르신이 팔목을 비틀어 팔이 아프다! 어르신이 누워서 발로 가슴을 차 뒤로 넘어졌다! 갈비뼈 통증을 호소하여 병원진료 후 치료를 받기도 하는 등 도저히 감당이 안 되었다.

음식물을 드실 때 손으로 집어 드시는 편이라 위생장갑을 끼워 드리려고 해도 소용없고 맨손으로 드시고 옷에 닦으셔서 옷을 갈아 입혀드리려다 어르신한테 손이 물렸다 등으로 통증을 호소하며 힘들어하는 직원들이 늘어갔다.

그뿐만 아니라 대·소변을 바닥에 흘리면서 숙소배회를 하시는 통에 냄새가 나기도 하지만 숙소바닥에 흘린 대·소변에 어르신들이 미끄러져 낙상이라도 될까 염려 되었다.

보호자와 어머니의 이런 문제행동에 대해 의논하면 엄마의 많은 문제행동들을 믿으려고도 하지 않았고 돌봄에 어려움이 많은 것들은 요양보호사들이 당연히 해야 하는 것으로만 주장하면서 작은 불만에도 까칠하고 예민하게 반응하는 등 돌봄에 어려움만 더 가중되었던 것 같았다.

그래서 어르신의 안전과 직원들의 안전이 동시에 이루어져야 하는 돌봄이 절실히 필요하여 간호팀, 복지팀, 재활팀, 영양팀이 수시로 모여 이 어르신의 행동증상에 대해서 논의하고 해결방안을 찾아 갔다.

마음안심돌봄기법도 적용되지 않고 힘든 과정이 2개월 정도 지나갈 때쯤에 어르신의 특성을 발견했다.

이 분은 자녀들과 남다르게 애착 관계가 형성된 것을 알 수 있었다. 입소시기가 다행인지 불행인지 코로나19가 한창 때라 대면 면회가 되지 않았고 비접촉 면회만 가능할 때라 하루에 2~3번씩 자녀들이 우리엄마 어떻게 지내는지 궁금하다며 영상통화를 신청하였고 우리는 테블릿PC로 연결해 자녀들과 영상통화를 할 수 있게 하면서 자녀들이 엄마~ 엄마~ 수도 없이 엄마를 애

타게 부를 때 한 번씩 고개를 들고 모니터를 보며 웃는 어르신의 모습을 보면서 힌트를 얻어서 우리들도 어르신 하고 부르지 말고 배회 시 따라 다니며,

"○○ 엄마~ ○○ 엄마 빵 드실래요~ ○○ 엄마 과일 드실래요~ ○○ 엄마 노래방송 틀어 드릴까요? ○○ 엄마 쉬 하셨나요? ○○ 엄마 우리 기저귀 한 번 봐도 될까요?"

이렇게 어르신을 부를 때 자연스럽게 엄마~엄마~ 하고 부르며 그렇게 다가가니 마음이 열리기 시작했고 직원들을 바라보는 눈빛에는 경계심이 조금씩 풀리면서 직원들이 다가가 팔짱을 껴도 거부반응 없이 받아 주셨고 배회를 하시다가 다리가 아프신지 손으로 무릎을 만지기라도 하면 직원들이 로비 소파를 가리키며 "잠깐 앉았다 가세요~" 하고 권하면 소파에 앉아 잠깐 쉬기도 하셨다.

어르신과의 라포를 형성하기 위해서 자연스럽게 스킨십이 이루어지며 직원들은 엄마, 엄마 하면서 어리광이라도 부리면 자식같이 대하기 시작하면서 돌봄이 용이하게 되어갔다.

요즈음 아침마다 어르신을 뵈면 "○○ 엄마 심심한데 한번 안아 드릴까요? ○○ 엄마 우리 악수 한번 할까요?" 하기라도 하면 컨디션이 좋은 날은 장난인 줄 아시고 소리내어 웃어도 주시고 가끔 먼저 우리 손을 말없이 잡아 주실 만큼 마음을 여셨다.

"○○ 엄마 쉬하셨나요? 기저귀 좀 볼께요? 침대에 뉘여 드려

요? 준비 되셨지요?"

이제는 기저귀 교체를 할 때도 거부하지 않으시고 어르신이 직원들에게 몸을 맡기시는 등 협조도 해 주시고, 보호자가 보낸 간식을 챙겨 드리면 한 번씩 먹어 보라며 한 개씩 집어 주시기도 한다.

최근에는 직원들이 박○○ 어르신이 너무나 귀여우실 정도로 애교도 있으시고 잘 지내신다고 그동안 어려움을 다 잊고 감사하고 있다.

어르신의 자녀들도 1주일에 한 번 면회도 오시고 모시고 외출도 하시는데 그럴 때마다 이제는 직원들에게 "고맙습니다~, 우리 엄마 잘 부탁합니다~."라는 인사를 잊지 않고 하신다.

우리 돌봄종사자들은 이런 맛에 보람을 느끼며 사명감을 가지고 행복하게 일하고 있다.

7.
어르신 가족의 감동스토리
- 엄마의 방(정원)

여름 더위도 한풀 꺾인 오후, 엄마에게 면회 와서 남부의 산책길에서 엄마는 노래를 흥얼거리신다.

이제는 가사를 알아듣기도 힘들지만, 노래를 흥얼거리는 그 모습에 감사한 마음이 든다. 어릴 적 기억 속의 엄마의 뒷 모습은 참 약하고, 슬프고, 착하고 바른 분이셨다. 하지만 늘 잘 웃으시고 많이 웃으시고 새로운 요리에 도전하시는 우리에게는 지혜를 배울 수 있게 해준 정신적 지지자이셨다.

어려운 살림에도 푼돈을 아껴둬 딸들에게 피아노 레슨을 받게 하시고, 피아노 소품곡이 실린 카세트 테이프도 들려주신 덕에 음악에 대한 즐거움과 감성을 지금껏 갖게 해 주신 분이 바로 우리 엄마이시다.

그런 엄마는 언제부터인가 아주 서서히 운동기능이 약해지고 쇠퇴하는 병을 얻으셨다.

처음엔 가볍게 여기고 한의원 침 치료 정도로 오래도록 방치했던 것 같은데, 나중에 알고 보니 다발성 근위축증이었다. 루게릭병과 비슷한 양상이지만 현재로 보면 꽤 오래 잘 유지되시는 편이었다. 어느 날, 걷지 못하시고 혼자 생활하시는 게 어려워지시자 엄마는 스스로 요양원에 가서 재활해 보겠다는 중대한 결심을 내리셨고, 집에 혼자 계시는 시간이 많고 어려움을 겪는 상황이라 가족 그 누구도 말리지는 않았던 것 같다.

왜냐하면 어떤 것을 포기하기 위해 가신다는 게 아니라고 생각했기 때문이다. 요양원에 갈 보따리를 싸면서도 슬프기보다는 적응에 대한 걱정만 했었던 것 같다.

하지만 그 기대와는 다르게 요양원의 첫 생활은 가족들을 위해 대신 돌봐주는 것이었지 재활을 할 수 있는 곳은 아니라는 걸 엄마는 깨닫기 시작했고, 그래도 나을 수 있다는 희망이 늘 있었기 때문에 3~4년 정도는 무던히 지내셨던 것 같다.

한 공간에 여러 어르신들이 계셨지만 의사소통을 하고 정서적 교감하기엔 어려움이 많았고, 그래서 여러 사람이 있었지만 또 혼자이신 것 같았다. 가끔씩 요양보호사 선생님들의 간단한 안부와 바쁘신 관계로 짧은 대화가 전부였었다.

신체적 활동성이 없으시니 프로그램에 참여하는 것도 제한적이었고, 노래를 부르면 즐거워지시는데 직원들은 그것도 힘이 드는구나 싶었다.

그래서 한 5년간은 거의 매일 엄마와 전화 통화도 하고 한 달에 4~5일 집에 모셔와 퍼머도 하고 음악도 듣고 산책도 하는 등 내가 진짜 요양을 시켜드렸던 것 같다.

그래서 요양원을 집 근처에 있는 곳으로 다시 알아봐야겠다는 생각이 들었다.

사실 그건 용기였다. 왜냐하면 낯선 공간에서 또 모르는 사람들과 다시 적응해 가야 하는 어려움을 감수해야 했기 때문이다.

　남부전문요양원은 우리 아이들이 자원봉사활동을 여러 해 했었던 친숙한 곳이었지만 엄마를 모실 곳이라고는 생각을 못 했다가 잘 아는 미용사 분의 말 한마디에 남부로 옮기기로 결심을 했던 것 같다.

　'밥이 참 잘 나온다는, 재료를 아끼지 않는다는…' 그 말 한마디였다. 그 말 한마디에는 설명할 수 없는 신뢰가 들어있었다.

　엄마가 입소해서 느낀 점은 작은 것에 소홀할 수도 있는 것들을 꼼꼼히 기록하고 잘 관리하는 곳으로 느꼈고, 요양보호사 선생님들도 약간은 긴장되고 원칙에 대한 개념을 가지고 있다는 것을 느낄 때마다 이곳은 교육 및 관리가 잘되는 곳이구나 싶었다.

　이곳은 엄마를 아기처럼 생각해서 실내 온도와 창문의 위치, 좋아하시는 것, 싫어하시는 것, 등 사사로운 모든 것들과 신체적 어려움으로 힘들고 외롭게 지내실 엄마를 걱정하는 딸인 나에게 참 위로가 되었다. 이렇게 안타까워하는 딸에게 요양보호사 조장님께서 위로해주기까지 했었다.

　"집에 가시면 여기 일은 잊어버리세요"라는 말이었는데, 엄마를 잊어버리라는 말이 말 그 자체로는 말도 안 되는 일이지만 그만큼 안심하고 맡기면 최선을 다하겠다는 말처럼 여겨졌고, 지금까지 감사히 여기고 있다.

　단체생활이다 보니 개별적인 것은 포기해야 하는 작은 것들도 보호자가 원하면 최대한 들어 주려는 모습에 미안하고, 고맙고, 감사하다.

　또 직원들이 엄마를 가족처럼 여기고 돌봐주시는 모습이 가족 같다는 생각이 들었다. 또 엄마는 작은 불편함이 있어도 요양보호사 선생님의 입장을 생각해서 불편한 것, 아픈 것들을 말씀 안하셔도 요양보호사 선생님들이 인지가 되시는 즉시 잘 처리해 주시는 분들이 계셔서 안심이 된다.

 남부는 나눔 숲 정원도 있고, 중앙정원도 있어서 면회 올 때면 엄마를 산책시켜드리기가 참 좋다. 친환경 자연을 잘 가꾸어 놓아서 참 좋은 환경을 가진 곳이여서 엄마를 마음껏 산책시켜드릴 수 있어서 감사하다.

 이렇듯 요양원의 전문적 관리와 돌봄이 있었기에 마음이 안심되고 편한 것 같다. 남부노인전문요양원은 엄마의 방이고 정원이다. 따뜻한 엄마 품이 그리우면 언제나 달려갈 수 있는 엄마의 정원이 있어서 나는 참 좋다.

6장

원장이 소망하는 노인요양원의 미래

1.
종사자를 행복하게 하라

우리 요양원에서의 슬로건은 "직원이 행복해야 어르신이 행복하다"이다. 그 실천방안으로 "원장은 직원들을 행복하게 해주고, 직원들은 어르신들을 행복하게 해드리자."라고 정하고 이를 실천하려고 노력하고 있다.

그렇다면 원장은 직원들을 어떻게 행복하게 해주고 있는가?

하루 중 기분 좋은 시간이 얼마나 되는가에 의해 행복이 결정된다. 대부분 유전적으로 외향적이고 정서적으로 안정된 사람이 행복하다.

유쾌한 기분은 의사결정에 긍정적 도움을 준다. 내 삶이 어려우면 중얼거린다. 혼자 중얼거리는 것은 힘들고 불안하기 때문에 말하고 있는, "자기중심적 언어"이다.

① 원근법(=관점, perspective)적 사고를 하라

소실점의 위치에 따라 그림이 달라지는 것처럼 관점에 따라 보는 것, 생각하는 것, 만드는 것 등이 달라진다는 점을 교육하고

있다.

재미는 관점을 바꾸는 일이다. 재미있는 사람만 원근법적으로 세상을 본다. 자기의 의도대로 소실점을 찍고 세상을 재구성한다. 재미있는 사람만이 자기 삶의 주인이 된다.

자기가 찾은 작은 즐거움에 관해 가슴 벅차하며 이야기를 나누는 삶이 진짜다. 삶이 재미가 없다는 것은 관점바꾸기가 원활히 돌아가지 않기 때문이다. 타인의 관점에서 세상을 보지 못하기 때문이다.

② 간부들에게 리더십을 가르치다

우리 시설 간부들의 그동안 관점이 아래 직원들에게 일을 지시하면 제대로 되는 게 하나도 없다며 화를 내거나 잔소리를 해왔다.

이는 리더의 관점이 잘못된 것으로 교육하고 아래 직원들은 리더보다 경험도, 경력도 적다. 그러니 당연히 상사보다 더 좋은 생각이나 일처리를 해낼 수 없다는 점을 이해하고 스스로 똑똑하다고 생각하지 말라. 그런 사람들이 일하면서 힘이 들고 지친다는 점을 교육하고 있다.

이런 경우가 반복된다면 리더십의 위기를 맞이하니 사는 것도, 일하는 것도 재미가 없기 때문에 행복하지 않으니 부하직원들의 관점에서 일을 지시하라. 그러면 삶도 일도 재미가 있어서 행복하게 일할 수 있다는 점을 교육하고 있다.

③ 원내규정을 잘 지키도록 하라

어느 여론조사 기관에서 설문조사를 해보니 자신은 법을 잘 지키고 있다가 64.3%인 반면, 다른 사람도 법을 잘 지키고 있다는 28%에 불과했다. 자신이 법을 잘 안 지키는 이유 중에는 '다른 사람들이 잘 지키지 않아서'라는 답이 25.1%로 가장 많았다.

위의 설문조사에서 보듯이 법을 잘 안 지키는 이유가 다른 사람도 법을 안 지키는데 나만 잘 지키면 손해라는 생각을 가지고 있다는 것이다.

따라서 우리 직원들도 원내 규정이 있으면 규정대로 시행을 해야만 직원들 간의 갈등이 없고 규정을 잘 지킴으로 직장생활이 행복할 수 있다는 점을 교육하고 규정을 잘 지키도록 하고 있다.

④ 직원들과의 정서를 공유하다

남들과 정서를 공유하고자 미소, 손짓, 친절한 말을 하는데 눈길도 안 주고 심드렁한다면 기분이 나쁘다. 내가 보내는 친절의 신호를 상대방이 받아들이지 않기 때문이다.

남의 마음을 이해하려면 남의 정서를 흉내내는 것부터 시작하라. 그러면 이심전심의 능력이 생긴다. 서로의 정서를 흉내내는 것으로 타인의 감정을 이해하고 추론할 수 있게 된다.

나와 다른 생각을 하는 사람에 대한 적개심, 호전성과 같은 사회적 현상도 감정정체의 결과이다. 감정정체를 해결하려면 정서의 공유를 통한 의사소통방식이 필요하다.

정서에는 기쁨과 슬픔과 같은 개념으로 정의하는 명사적 정서와 사랑받는 듯한, 가슴설레는 것과 같은 형용사적 정서가 있고, 오감을 통하여 감각을 느끼는 부사적 정서가 있다.

같은 말을 해도 말하는 속도, 음의 높낮이, 표정을 통해 전달

되는 느낌이 달라지므로 얼씨구라는 언어가 탈춤에서는 감탄사지만 일상에서는 비꼬는 말로 쓰이므로 잘 구분해서 사용하도록 교육하고 있다.

정서 공유가 가능하도록 가장 먼저 이 부사적 정서를 활성화시키고 있다. 기쁜 일이 있을 때 하이파이브하며 소리지르고 좋아하고, 슬픈 일이 있을 때 서로 안아주며 위로해주도록 하고 있다.
이 방법을 직원들 간뿐만 아니라 어르신들과의 정서케어에도 도입하고 있다.
상대방의 표정, 몸짓, 목소리를 서로 흉내내는 것이 정서적 공유이고 그래야 재미가 있고 일하는 것이 행복하다.
정서적 공유를 위해서 실천전략으로 칭찬합시다, 친절합시다 캠페인을 시행하고 있다.

2.
경영기법을 도입하라

　경영의 자립화를 위해서 효율적인 인사관리조직을 통한 재정지출의 합리화, 경영의 투명화를 위해서는 시설의 자주적인 정보공개를 중요하게 생각하고 있으며, 그 이외에 시설의 복합운영, 지역사회자원과의 원활한 연계 등도 잘 해야 한다.
　따라서 요양시설의 경영자립화 내지 합리화를 하기 위해서 우리 시설이 도입하고 있는 경영기법을 소개한다.

① 수입을 늘려라
　입소자가 1개월 동안 장기요양시설에서 이용한 실적을 장기요양보험에 청구하여 받기 때문에 공실을 최소화해야 한다. 공실이 발생하는 사유를 보면 병원에 입원하거나 외박을 하게 되면 1일 수가를 50%만 받게 되어 있기 때문에 병원입원률을 감소시켜야 하며 외박 일수도 최소화해야 한다. 이를 위해서 간호팀에서는 어르신들의 건강관리에 최선의 노력을 해야 한다.
　시설에서 좋은돌봄을 잘 실천하고 지역사회와 함께하는 프로그램도 많이 운영하여 시설운영의 신뢰도를 높여서 입소대기자를 발생시켜 공실이 발생하지 않도록 하여야 한다.

가산제도를 잘 활용하여 수입을 늘리는 방안도 검토해야 한다. 우리 요양원의 경우엔 수가의 15% 정도를 가산금을 받고 있다.

서울특별시의 경우에 좋은돌봄 인증사업을 하고 있어서 우리 요양원도 좋은돌봄인증을 받아서 인센티브를 받고 있다.

공단에서 3년마다 실시하는 장기요양평가에 A등급을 받아서 수가의 2%를 인센티브로 받고 있다.

우리 요양시설의 법인이 사회복지법인이기 때문에 기업과 지역사회로부터 물품을 기증받거나 후원자를 모집하여 후원금을 받고 있다.

② 리스크를 관리하라
- 노인요양시설은 장기요양보험제도 안에서 운영되기 때문에 장기요양보험 관련법과 규정을 잘 이해하고 준수하며 경영을 해야 한다. 그렇지 않을 경우엔 부당수급으로 수가를 환수당하기도 하며 환수금액에 따라 행정처분도 받게 된다.
- 돌봄서비스제공과 관련된 안전사고 등이 발생하는 경우에 이용자나 가족으로부터의 배상청구가 크게 늘어나는 등 갈등이 고조되고 있다. 따라서 안전사고발생의 예방에 대한 직원교육 등을 철저하게 실시할 필요가 있다.

이를 위해서 우리 시설은 5제로운동을 통한 예방에 초점을 두고 안전사고 등에 대비하고 있으며, 낙상방지시스템의 도입과 저상침대의 구입, 보호자간담회 활성화를 도모하고 있다.

- 코로나 팬데믹을 겪으면서 감염에 대한 리스크가 얼마나 큰 지를 경험했다. 따라서 직원, 입소자 및 자원봉사자 등 외부 인들로부터 전염되는 감염증관리에 만전을 기해야 한다.

③ 지역사회로부터 인지도를 높여라

시설장은 지역사회와 자원과의 연계를 위해서 지역사회에서 많은 활동을 해야 한다. 그래야만 입소자 확보가 원활하여 대기자를 발생시킴으로써 안정적으로 운영할 수 있다.

④ 인사가 만사다

최근에는 간호사, 요양보호사, 조리원을 구인하는 데 어려움이 발생하고 있다. 따라서 전문직종의 인적자원 확보를 위해서 요양시설에 대한 지역사회의 평판을 좋게 하기 위해서 노력하고 있다. 우리 요양원은 종사자를 구인하는 데 있어서 큰 어려움이 없는 편이다.

우리 요양원에서는 원장은 직원이 최우선이고, 직원은 어르신이 최우선이여야 한다고 선언하며 "직원들이 행복해야 어르신들이 행복하다"는 슬로건을 내세우며 직원들의 행복프로젝트를 수행하고 있다.

인사관리는 여러 자원 중에서 사람(직원)에 대한 관리에 해당하는 것으로, 그 목적은 사업경영에서의 적정한 인건비와 복리후생, 양질의 직원 채용 및 정착, 시설에서 요구되는 사회적 역할을 발휘하도록 인적자원을 효과적이고 효율적으로 관리하는 것이지만 장기요양보험 수가 가지고는 우수한 양질의 직원들을 고용하는 데 한계를 느끼고 있다.

⑤ 종사자를 경영에 참여시켜라

요양시설들 중에서 노동조합의 설립과 함께 노사의 갈등을 겪고 있는 시설이 증가하고 있다. 그래서 우리 시설은 노사협의회를 활성화하기 위하여 노사위원 중에 종사자 대표를 직원들이 직접투표를 통해서 선출하고 있다. 이를 통해서 종사자대표들이 실제 시설운영에 많은 관여를 함으로써 시설운영의 투명성을 담보하고 있다.

또한, 요양시설에서의 노무관리에서 중요하게 고려하여야 하는 것이 직원 간의 인간관계라고 보고 멘토제도를 도입하여 신입직원들이 잘 정착하도록 돕고 있고, 분기별 노사협의회, 분기별 부서별 간담회, 원장과의 차 한 잔 등을 통해서 직원들의 애로사항과 건의사항을 적극적으로 받아들이고 해결해 줌으로써 직원들과 사용자 간의 갈등을 없애고 종사자 간의 갈등도 없애줌으로써 근무의욕을 붇돋아주고 있다.

⑥ 원장은 회계업무에 능통하라

장기요양사업은 장기요양보험 수가를 받아서 운영하기 때문에 재무관리가 매우 중요하다. 따라서 시설경영에 필요한 자금을 적시에 적절한 방법으로 조달해야 하고 자금비용을 최소화하는 게 중요하다. 지출대비 수입이 적게 되면 급여도 체불하게 되는 경우도 발생하기 때문에 시설의 재무제표를 늘 파악하고 있어야 하기 때문에 회계업무에 전문성을 갖추도록 노력하고 있다.

⑦ **정보수집을 위해서 노력하라**

노인요양시설에서는 사회환경에 적합한 양질의 돌봄서비스를 적극적이고 적절하게 제공하기 위해서는 정보관리가 필요하다. 이를 위해서는 정보의 수집, 관리 및 활용이 적절하고 효율적으로 이루어지도록 하기 위하여 관련협회와 학회의 활동과 지역소속 건보와 지자체와의 교류도 활발히 하고 있다.

저자는 서울시노인복지시설협회장과 한국노인복지중앙회 이사로 봉사하며 정보교류를 하고 있고, 장기요양학회, 공정연대, 각종 세미나, 워크숍, 해외선진요양시설 견학 등을 통해서 정보를 습득하고 있다.

또 하나 시설에서의 정보 중에서 중요한 것이 입소자에 대한 정보이다. 입소자 개인기록이나 업무일지와 같이 이용자에 대한 서비스지원기록을 통해서 보호자와의 교류도 잘하고 있다. 보호자들은 다양한 계층에서 일하고 있기 때문에 정보교류의 중요한 자산이기 때문이다.

⑧ **미션과 비전을 공유하라**

노인요양시설은 최고령사회에 필수시설이기 때문에 계속해서 확장되고 발전을 해 나가고 있다. 따라서 변화하는 장기요양시 환경에 대비하고 우수 노인요양시설로 나아가기 위해서는 종사자들과 요양원의 미션과 비전을 공유해야 한다. 이에 따라서 시설의 장단기발전계획과 전략계획을 수립하여 운영하고 있다. 이를 통해서 시설경영의 자립화, 투명화, 효율화, 사회화 및 차별화를 위해서 노력하고 있다.

3.
노인요양원의 부정적 인식을 개선하라

　우리나라가 초고령사회를 맞이하여 노인요양시설의 확충이 절실히 필요한 시점이여서 노인요양시설을 신축하려고 해도 지역주민들의 반대에 부딪쳐 무산되는 사례들이 많이 나타나고 있다. 반대 이유가 혐오시설이기 때문에 필요해도 우리 집 앞은 안 된다는 것이다.
　왜? 노인요양시설을 혐오시설이라고 생각하는지를 알아보니 노인요양원은 죽음을 앞둔 노인들로 수시로 죽음이 일어나는 곳이며, 죽기 전에는 나올 수 없는 곳, 인권침해가 많은 곳이라는 것이다.
　많은 국민들이 노인요양원 하면 떠오르는 이미지가 인생의 마지막 종착역, 어두운 이미지, 수용시설, 외로움, 무기력, 무료함 등 부정적으로 생각하기 때문에 신축이 어렵고 기존시설도 지역사회와 단절되어 운영하는 곳이 많고 지역사회와 동떨어진 지역에 많이 분포되어 있다.
　자녀들의 입장에서 부모님이 치매나 뇌졸중으로 돌봄이 필요할 때 부모님을 집에서 모실 건가, 시설에 모실 것인가에 대해

누구나 고민을 많이 하게 된다. 그러면서 많은 사람들이 '내 부모를 자식이 돌보는 게 제일 어렵다'고 한다.

　대부분 집에서 부모님을 모시면서 가정에 불화가 생기고 결국에는 노인요양원에 입소를 하게 된다.

　이렇듯 노인요양시설은 우리에게 반드시 필요하다. 그런데도 지역에 노인요양원을 설립하려면 지역주민들의 반대에 부딪치게 되는 게 현실이다.

　그래서 우리 요양원에서는 지역사회와 교류하기 위하여 많은 노력을 하고 있다. 그 일환으로 다음과 같은 일들을 하고 있다.

① 매년 지역경로당의 어르신들을 초청하여 시설견학과 함께 공연도 관람하게 하고 음식도 대접하면서 노인요양원이 어떻게 운영되고 있고 어르신들이 어떻게 생활하는지를 알려 드리고 있다.

② 지역의 자원봉사센터와 업무협약을 맺고 자원봉사자로 중고등학생, 대학생, 지역주민들이 우리 요양원에 와서 어르신돌봄을 도와주고 있다. 정서적지원을 위한 말벗과 산책지원, 재능기부 등을 함으로써 노인요양원이 어떻게 운영되고 있는지를 알 수 있으며, 또한, 입소한 어르신들이 어떻게 생활하고 계신지를 보고 체험함으로써 노인요양원에 대한 이해를 돕고 있다.

③ 지역관내의 어린이집들과 함께 교류하기 위하여 매월 생신잔치 때 어린이집 원아들이 와서 재롱잔치도 하고 어르신들과 어울리는 프로그램도 진행함으로써 노인요양원의 부정

적 이미지를 개선하고 있다.
④ 돌봄서비스 중에 어르신들의 목욕이 매우 힘들고 시간도 많이 소요되기 때문에 지역교회, 지역기업, 지역사회단체들의 봉사자들이 오셔서 목욕보조를 해주고 있다.
⑤ 우리 요양원의 뒷편에 어르신들이 산책할 수 있는 나눔숲을 조성해 놓았는데 이 나눔숲을 지역주민에게 개방하여 언제든지 나눔숲에 오셔서 산책하거나 쉼을 얻고 가시고 계셔서 노인요양원이 혐오시설이 아닌 지역사회와 함께하는 자연친화적 시설이라는 이미지를 개선시키고 있다.

4.
자연친화적인 프로그램을 운영하라

　유럽으로 해외연수를 다녀온 적이 있는데 그때 노인요양시설을 견학할 기회가 있었다. 그곳을 견학하면서 가장 부러웠던 게 케어팜을 운영하고 있다는 사실이였다. 케어팜이란 치유농업으로 해석할 수 있다. 노인이나 장애인들을 위하여 정서적, 신체적 치유를 목적으로 운영하는 것이다.
　우리나라 노인요양시설 중에 도시에 있는 요양원은 땅값이 비싸서 외부에 정원을 조성하기도 어렵기 때문에 케어팜을 운영하기가 매우 어렵다. 도시 외곽에 있는 시설들의 경우엔 넓은 정원을 조성해 놓은 곳이 많이 있으나 케어팜이라는 프로그램을 위해서 정원을 조성하는 곳은 많지 않고 우리나라에는 생소한 용어이기도 하다.
　원예나 텃밭을 운영하는 것은 창조적 행동을 나타나게 한다. 씨를 뿌리면 새싹이 나고 열매가 맺으며 수확의 기쁨을 느끼게 되기 때문일 것이다.
　덴마크의 노인요양시설 같은 경우에는 채소, 꽃, 약초를 기르는 밭과 정원이 있고 양이나 당나귀 같은 동물도 키우는 등(다양한 형태의) 케어팜을 운영하고 있었다.

환한 빛과 새로운 생명의 에너지가 가득한 정원은 삶의 녹색 맥박을 가장 강력하게 느낄 수 있는 곳이다.

돌봄서비스에는 특별한 종류의 관심, 디테일을 알아차리는 이해가 필요하다. 땅을 가꿀 줄 아는 사람이 돌봄을 제대로 할 줄 알게 된다. 왜냐하면 식물을 기르려면 환경에 민감해야 하고 성장하는 데에는 온도, 바람, 비, 햇빛, 해충 등 많은 변수가 작용한다.

현대사회는 수선보다는 교체, 느림보다는 빠름에 익숙해 있다. 따라서 자연의 느린 리듬의 가치를 잃어가고 있다.

케어 팜을 통해서 잡초를 뽑고, 가지도 치고, 비료도 주는 과정에서 우리의 정신건강도 좋아지게 된다.

본래 인간은 초원에서 태어난 초원 동물이다. 따라서 우리의 신경계와 면역계는 자연세계의 다양한 양상에 최선의 방식으로 대응하도록 진화했다. 따라서 인간은 자연세계에 있을 때 더 강한 활력과 원기를 느끼고 평온한 활기를 맛본다.

그래서 우리 요양원에서도 프로그램의 하나로 케어팜을 운영하고 있으나 전문적인 치유농업사가 없는 상태에서 원예치료사로부터 자문을 받아가며 운영하고 있는데 동물치유는 주변 주민들의 민원이 발생할 여지가 있어서 못 하고 있는 실정이다.

토끼나, 닭, 양, 사슴 등을 키우고 싶으나 그러려면 동물에 대한 전문지식도 있어야 하고 소음과 악취문제도 선행으로 해결방안이 나와야 가능하기 때문이다.

케어팜을 통해서 어르신 들의 답답한 기분을 풀어주고 자존감을 높이며 우울증과 불안을 완화한다는 강력한 결과를 얻어내고 있다.

향후, 케어팜과 치유의 텃밭, 중앙정원, 나눔의 숲 등을 관리할 전문가 채용도 검토하고 있고 전문업체에 외주 주는 방안도 검토하고 있지만 장기요양수가로는 운영비를 감당하기가 쉽지 않아서 고민이 많다.

5.
정서적(마음) 케어에 집중하라

　노인들의 질병 중에 점차 증가하는 것이 치매이다. 현재 치매는 치료 약도 없는 등 완치가 어려운 질병이다.
　치매 어르신들은 돌보기가 매우 어렵다. 의사도 치료하지 못하는 치매환자를 노인요양원에서 돌보며 많은 어려움을 겪고 있는 것이 요양현장이다.
　치매어르신들이 처음 입소 시 가장 힘들어하는 것이 낯선 환경과 상황이다.
　이런 치매어르신들을 잘 돌보기 위해서는 정서적 케어를 잘해야 한다고 판단하고 돌봄의 중심에 '정서케어(치료)'로 마음안심돌봄서비스를 제공하고 있다.
　노년기는 신체노화 등 상실의 시기를 보내며 정서적으로 많은 어려움을 겪으며 치매라는 질병이 발생하기도 하는 시기다. 그러므로 이런 치매노인들에게 정서케어를 제공해주는 일은 매우 중요하다.
　우리 요양원에서는 종사자들에게 치매증상별 학습코칭, 치매어르신과 잘 지내기, 치매어르신의 스트레스 관리, 치매어르신과의 의사소통 등의 강의에서 치매어르신을 대하는 종사자의 태도와 라포형성이 매우 중요함을 교육하고 있다.

마음안심케어를 통하여 정서적안정을 드림으로써 시설에 잘 적응하고 동료어르신들과도 잘 지내게 해드리도록 하고 있다.

마음안심케어기법에서 어르신과 종사자를 단단히 엮어주는 가장 큰 요인이 바로 '관계'이다. 어르신과의 돈독한 관계형성은 어르신에게 안정감을 불러일으키며, 반대로 비난과 다툼 속에서는 어르신이 불안정한 정서상태가 된다.

종사자와 어르신이 대화가 없고 핀잔과 비난만 하는 경우에는 더욱더 어르신이 우울감, 지적능력 저하, 대인관계와 자존감 형성에 어려움을 겪으며 치매증상도 더 악화되기 때문에 어르신과의 관계에서 가장 중점을 두는 과정이 바로 관계 개선 프로그램이다.

우리는 관계 개선 프로그램으로 마음안심돌봄서비스를 제공하고 있다. 이를 통해서 정서적 안정을 가져오면서 시설에 잘 적응하며 정상적으로 생활하게 되었다.

어르신에게 마음의 안정을 주려면 종사자 스스로가 안정된 정서와 건강한 심리상태라는 토양을 만들어야 한다.

종사자가 자신의 정서를 토닥이며 건강하게 이끌어 가는 방법을 가장 먼저 익히도록 교육한다. 정서(마음)케어를 통해서 각자의 내면에 있는 나 자신의 감정과 사연부터 안아주고 보듬을 줄 알아야 타인에게도 그대로 해줄 수 있기 때문이다.

이렇게 어르신들과 마음과 마음이 소통하고 열리면 치매로 인한 행동증상도 완화되며 시설환경에 잘 적응하게 된다. 어르신과 종사자의 마음이 열리고 연결된 것이 라포의 형성으로 이렇게 친밀관계가 형성되면 종사자가 여러 가지 돌봄서비스를 할 때 한결 쉬워진다.

앞으로도 치매증상으로 인한 예측불허의 행동이상상황에 처한 치매어르신들에게 좀더 안정적으로 대응할 정서(마음)케어를 위하여 다각도로 연구 보완할 것이다.

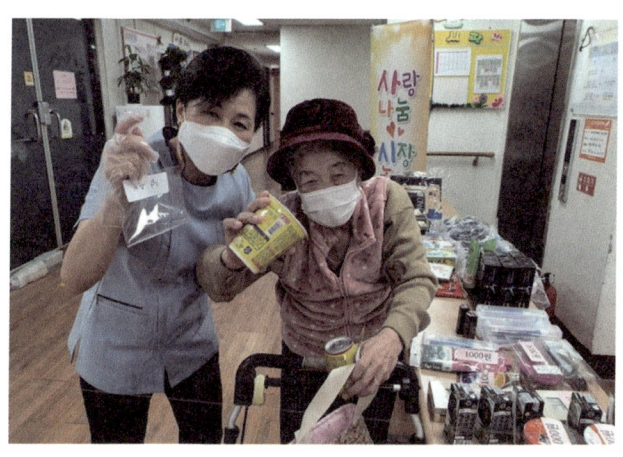

저자 후기

　서울특별시립 남부노인전문요양원은 1988년 9월 5일 이곳 군포시에 엘림양로원으로 개원했다.
　설립과정은 서울특별시와 여의도순복음교회가 함께 청소년 직업교육시설과 무의탁노인들을 위한 양로원이 있는 사회복지시설을 건립하기로 하고 이곳의 부지는 서울시가 매입하고 건축은 여의도순복음교회의 예산으로 건립하였다.
　여의도순복음교회는 이 시설들을 운영할 사회복지법인 엘림복지회를 설립하여 운영하다가 1991년 서울특별시에 기부채납을 하고 현재는 (사)굿피플우리복지재단에서 가장 모범적으로 좋은돌봄을 실천하려고 최선을 다하고 있다.
　물론 전국의 많은 노인요양시설들 중에는 우리 시설보다 더 잘운영하고 있는 곳도 있다. 우리 시설도 부족한 것도 많이 있다고 생각한다. 그러나 이 책을 통해서 우리나라의 노인요양시설들이 더 발전하는 계기가 되었으면 하는 바람이다.
　그런데 좋은 돌봄을 실행하려면 현재 장기요양보험수가로는 어려움이 있다. 우리 시설인 경우에는 서울시립시설이다 보니 노후된 시설물과 기물들의 경우에 서울시의 예산지원으로 해결이 가능하기 때문에 재정적 도움이 되지만 민간시설인 경우엔 자부담으로 해결해야 하므로 재정적으로 어려움이 있다. 그래서 민간시설들에게도 국가에서 기능보강사업비를 지원을 줌으로써 좋은돌봄서비스가 되도록 해야 한다고 생각한다.

노인장기요양사업을 15년간 운영하면서 여러 가지 어려운 점이 있어서 다음과 같이 보건복지부에 바라는 것이 있다.

1) 종사자들의 직무향상을 위해서 노인장기요양법의 개선이 필요하다

요양시설에서 종사하는 종사자들의 역량을 강화하기 위하여 여러 가지 직무교육을 계속해서 실시하여야 한다.

직원들의 사기진작을 위하여 직무관련 워크숍, 국내연수, 체육행사, 힐링프로그램 등을 실시하고 있으나 현재 관련법에는 근무시간으로 인정하지 않고 있기 때문에 개인연차를 사용하여 참여하고 있다. 그러다보니 강제적으로 참여시킬 수가 없어서 희망자만 참여할 수가 있기 때문에 직원들 간의 화합에 저해요소로 작용하고 있다.

따라서 외부기관이나 시설 내에서 직원들의 직무향상을 위한 교육 및 세미나, 워크숍, 국내연수 등을 모두 근무시간으로 인정을 하도록 해야 하며, 직원들의 사기진작과 체력단련을 위한 체육대회, 축제 등에 참여하는 시간도 근무시간으로 인정하도록 확대해 주면 좋겠다.

2) 장기요양요원 제도의 개선이 필요하다

현재 관련법에 장기요양요원으로 간호(조무)사, 물리(작업)치료사, 사회복지사, 요양보호사만 정하고 있다.

그러다 보니 동일 장기요양시설에서 근무하는 직원들로서 차별을 받고 있다고 생각하고 있다. 이는 근로기준법에도 위반될 수 있는 사항으로 요양시설에 근무하는 전체 직원이 차별 없이 균등한 대우를 받도록 해야 한다.

3) 종사자들의 업무수행범위의 자율성 보장이 필요하다

1인 직종이 근무하는 시설의 경우에는 종사자들은 신고한 직종으로 근무하되 본연의 업무에 지장이 없는 범위 내에서 다른 업무를 수행한 경우에는 신고한 직종으로 실근무한 것으로 본다.라고 개선되어야 한다.

4) 종사자들의 처우개선을 위한 인건비가이드라인 제정이 필요하다

노인장기요양시설에 근무하는 직원들은 고시에서는 장기요양급여비용에서 인건비 비율만 정해 놓고 있다 보니 인건비를 지급하는 표준화된 규정이 없이 각 시설들이 급여규정을 통해서 지급하고 있어서 요양보호사의 경우에 초임을 최저임금을 기준으로 지급받고 있다.

타 사회복지종사자들과 동일하게 보건복지부에서 매년 사회복지종사자인건비기준을 정하고 있기 때문에 그 기준에 따라 장기요양시설 종사자인건비가이드라인을 정해서 각 요양시설

들이 이를 준수하도록 해야만 종사자들의 처우가 개선될 것으로 본다.

5) 존엄케어를 위한 임종케어서비스 도입이 필요하다.

많은 어르신들이나 보호자들이 연명치료를 거부하고 요양원에서 임종하기를 희망하고 있지만 현행 법률적으로는 요양원 내에서 임종서비스를 제공할 수가 없다.

따라서 입소어르신들 중에 계약의사의 판단과 어르신 보호자와의 동의가 있으면 연명치료를 하지 않고 임종하실 수 있도록 임종케어서비스의 도입이 필요하다.

6) 4인실을 1인실로 시설기준이 향상되어야 한다

일본의 경우에는 모든 요양원이 1인 1실로 개호보험에 급여화되어 있다. 그러나 우리나라의 경우엔 노인장기요양법에 4인 1실이 급여화되어 있고, 그보다 적게 1실에 1인~3인인 경우에는 비급여로 상급침실료를 받을 수 있도록 되어있다.

한 방에 4분의 어르신이 생활하다 보니 어느 어르신은 치매증상으로 밤과 낮이 바뀌어 밤에 잠을 안 주무시고 배회하시는 분도 있고 신음 소리를 내는 분도 있고, 늦게까지 TV를 보시는 분 때문에 잠을 못 주무시는 분도 계시는 등 개인의 권리가 보장되지 않아 사생활에 어려움을 겪고 있다.

따라서 현재 운영중인 요양시설들을 점차 1인1실로 전환하도록 기능보강비를 지원하고 신규시설은 1인1실로 인가를 받도록 연착륙시켜 나가야 한다.

7) 부족한 돌봄종사자를 위한 외국인력도입이 필요하다

우리나라가 초고령사회로 진입하며 돌봄 서비스에 대한 수요 폭증과 공급 부족 상황이 곧 다가올 것이며 대규모 돌봄인력의 인력난이 닥칠 수밖에 없다.

우리보다 초고령사회를 먼저 경험하고 노인요양사업도 10년 먼저 시작한 일본에서도 돌봄노동인력이 매우 부족하여 외국인력을 도입하고 있는데 더욱더 파격적인 유도책을 발표하며 이에 대비하고 있는 것을 볼 수 있다.

우리나라도 일본처럼 외국인력도입을 적극 시행해야 한다. 아울러 돌봄종사자들에 대한 처우개선이 이루어져서 노인요양시장에서 빠져나가는 것을 방지하고 아울러 유입방안도 검토되어야 한다.

8) 요양시설 내 사고분쟁을 대비한 배상책임보험의 개선이 필요하다

매년 요양시설 내에서 낙상 등 안전사고가 증가하고 있으며 이에 따른 보험료도 계속 인상되고 있고, 안전사고에 대한 책임 문제로 보호자와 갈등관계가 발생하며 법정 공방까지 가고 있는 실정이다.

그러다 보니 지출의 증가와 함께 보호자와의 분쟁으로 인한 업무부담이 계속 증가하고 있으므로 학교 내 사고에 대비한 학교안전공제중앙회, 어린이 안전사고에 대비한 어린이집안전공제회 등과 같은 형태의 장기요양안전공제회를 설립하여 이곳에서 안전사고에 대해서 해결을 해주는 방향으로 나가면 운영자

나 종사자들의 업무스트레스의 경감 등으로 요양시설 운영에 많은 도움이 될 것이다.

9) 가산제도의 개선방안이 필요하다

법적 정원으로는 좋은 돌봄을 실천하기가 어렵다. 그래서 많은 요양시설들이 법적 정원보다 직원들을 더 채용하고 있는데 이에 대한 가산금이 1인당 인건비의 80% 정도에 해당하고 있어서 직원을 더 채용할수록 경영이 더 어려워지는 모순을 가지고 있으므로 가산금의 개선이 필요하다.

10) 현지조사와 처벌에 대한 개선이 필요하다

현재 부정수급에 대한 현지조사의 경우에 처벌중심으로 운영되고 있기 때문에 요양시설을 운영하는 운영자들이 잠재적 범죄자가 되고 있는 듯한 느낌을 가지고 있다. 물론 부당한 방법에 의한 급여청구에 대해서는 일벌백계가 필요하다. 그러나 선의의 피해자가 발생하고 있는 점을 감안하여 다빈도 위반사례에 대한 교육과 계도가 선행되도록 하고, 환수금액에 따라 행정처분이 내려지고 있는데 그 처분이 너무 가혹하므로 이 또한 개선이 필요하다.

11) 요양병원과 요양원의 운영범위를 명확히 해야 한다

국민들은 요양병원과 요양원의 입소에 대해서 구분을 잘 못하고 있다고 생각한다. 요양병원은 치료중심, 요양원은 돌봄중심이라는 명확한 운영범위를 적용해야 하고 요양병원 입원과

요양원 입소의 차이를 반드시 구별하여 운영되도록 해야 한다.

위와 같이 장기요양관련법의 개정이 이루어져 좋은돌봄의 실천이 이루어지면 좋겠다.

이제 이 책의 출판으로 노인요양시설들이 어르신들의 존엄케어를 실천하는 데 도움이 되었으면 좋겠다는 생각과 함께 우리 국민들도 노인요양시설에 대한 인식이 변하는 계기가 되었으면 하는 바램이다.

끝으로 이 책이 나오기까지 출판을 도와주신 권선복 행복에너지 출판사 대표님과 김소영 편집장에게 감사드리고, 함께 일하고 있는 서울특별시립남부노인전문요양원의 왕태숙 사무국장, 김수련 행정차장, 장경숙 물리치료과장, 김소연 사회복지과장, 이정효 간호과장, 이진민 영양과장, 한재욱 시설과장의 도움이 컸음에 감사드린다.

부록

■ 좋은 요양원은 이렇게 선택하라

① 요양원을 직접 가서 확인한다

입소상담을 주로 전화로 하고, 인터넷으로 요양원을 확인하는 게 대부분인데 직접 요양원을 찾아가보고 교통편이 좋은지, 요양원의 주변 환경은 좋은지 등을 확인하는 게 좋다.

② 장기요양평가에서 A등급을 받은 요양원을 선택하라

장기요양시설인 요양원은 3년마다 건강보험공단에서 시설운영에 대한 전반적인 평가를 실시하고 있다. 이 평가에서 A등급을 받은 시설은 요양원 운영이 전반적으로 우수하다는 것이다.

③ 사회복지법인이 운영하거나 도립, 시립, 구립 등 공공요양원을 선택하라

요양원의 운영주체는 영리시설과 비영리시설이 운영하고 있다. 비영리시설인 사회복지법인 등이 운영하는 곳과 국가기관이나 지방자치단체에서 위탁운영하는 시설은 재정적인 면이나 운영하는 면에서 영리시설보다 좀 더 우수하다고 볼 수 있다. 물론

영리시설이 더 잘 운영하는 곳도 있다.

④ 추가인력을 많이 채용하는 곳을 선택하라

요양원은 법적으로 직종별 정원이 있다. 법적 정원만으로 운영하기에는 직원들이 힘들어한다. 따라서 많은 요양원들이 정원보다 더 많은 인원들을 채용해서 운영하고 있으므로 그런 곳을 선택하는 것이 좋다.(참고로 2023년 현재 어르신 2,3명당 요양보호사 1인 정원임)

⑤ 원장의 사회복지경력이 많은 곳을 선택하라

요양원의 시설장이 되려면 사회복지사, 간호사, 물리치료사 자격증을 가지고 있으면 경력과 상관없이 취업이나 운영이 가능하다. 따라서 요양시설이나 사회복지시설에 근무한 경력을 가진 원장이 운영하는 곳을 선택하라.

⑥ 간호조무사보다 간호사가 근무하는 곳을 선택하라

요양원에는 간호조무사나 간호사를 채용하여 운영하게 되는데 간호사 구인이 어렵고 급여도 많이 지급해야 하기 때문에 많은 요양원이 간호사보다는 간호조무사를 채용하고 있다. 아무래도 간호사가 의료지식이 더 많기 때문에 어르신들의 간호에 좀 더 전문성을 가지고 있다.

⑦ 야간에 응급관리체계가 잘 된 곳을 선택하라

어르신들이 주로 야간에 응급상황이 많이 발생하고 있는데 야간에는 주간보다 근무인력이 적다. 따라서 야간에 응급상황이 발생했을 때 잘 대처하는 요양원이 좋은 곳이다.

⑧ 다양한 프로그램이 운영되는지를 확인하라

요양원에 사회복지사 정원이 어르신 100명당 1인이다. 이 인원 가지고는 어르신들에게 다양한 프로그램을 운영하기가 어렵다. 따라서 사회복지사가 정원보다 많아야 하고 프로그램도 다양해야 어르신들이 요양원에서 생활하실 때 즐겁고 행복하게 생활하실 수 있다.

⑨ 시설환경이 좋은 곳을 선택하라

도심에 있는 요양원들은 대부분 상가건물에 다른 업종들과 함께 입주해 있는 경우가 많다. 그러다보니 녹지공간이나 정원이 없이 건물 안에 갇혀 있는 느낌을 준다. 따라서 다른 업종과 함께 입주해 있는 요양원보다는 단독건물에 요양원을 설립한 곳이 좋고, 주변에 녹지나 공원이 있는 곳이 좋다.

지방에 있는 요양시설들의 경우에는 산속이나 거주지에서 많이 떨어진 곳에 설립된 곳이 있는데 이런 요양원은 자연환경은 좋으나 교통편이 안 좋아서 보호자들의 방문이 어렵고 너무 외진 곳은 사람 사는 느낌이 안 나서 고립된 것과 같은 느낌을 준다.

⑩ 집에서 가까운 곳을 선택하라

요양원에 입소한 어르신들은 가족들이 자주 면회 오기를 소망하고 있는데 집에서 너무 먼 곳에 있으면 면회 다녀오는 시간이 너무 많이 소요되거나 교통체증 등으로 면회를 자주 오기가 쉽지 않다. 따라서 될 수 있으면 집에서 가까운 요양원을 선택하여 자주 면회를 다녀오기가 편한 곳이 좋다.

⑪ 직원들의 표정이 밝은 곳을 선택하라

직원들이 일하면서 행복하거나 사명감을 갖고 일하고 있다면 표정에서 그 마음을 읽을 수 있다. 따라서 직원들의 말이나 표정이 밝은 곳이라면 어르신들을 잘 돌보는 곳으로 볼 수 있다.

⑫ 어르신 인권을 존중하기 위해서 노력을 많이 하는 곳을 선택하라

가끔 뉴스에 보면 요양원 내에서 노인학대 사건이 발생한 상황을 접하는 경우가 있다. 많은 요양원이 존엄케어를 위해서 노력하고 있지만 간혹 요양원 내에서 요양보호사들이 어르신의 인권을 침해하는 일이 발생하고 있다. 따라서 어르신 인권보호를 위해서 요양원 내에서 얼마나 많은 노력을 하고 있는지를 알아보고 선택하는 것이 좋다.

■ 장기요양보험제도

현대 국가는 그 내용이나 정도에 차이가 있으나 모두 복지국가를 표방하고 있다. 대부분의 국가에서는 경제발전과 보건의료의 발달로 인한 평균 수명의 연장, 자녀에 대한 가치관의 변화, 보육 및 교육문제 등으로 출산율이 급격히 저하되어 인구구조의 급

속한 고령화 문제에 직면하고 있으며, 이러한 사회변화에 따른 새로운 복지수요를 충족하기 위한 것이 장기요양보험제도이다.

① 노인장기요양보험제도의 목적

고령이나 노인성 질병 등의 사유로 일상생활을 혼자서 수행하기 어려운 노인 등에게 신체활동 또는 가사활동 지원 등의 장기요양급여를 제공하여 노후의 건강증진 및 생활안정을 도모하고 그 가족의 부담을 덜어줌으로써 국민의 삶의 질을 향상하도록 함을 목적으로 시행하는 사회보험제도이다.

② 노인장기요양보험제도의 주요 특징

우리나라 노인장기요양보험제도는 건강보험제도와는 별개의 제도로 도입·운영되고 있는 한편으로, 제도운영의 효율성을 도모하기 위하여 보험자 및 관리운영기관을 국민건강보험공단으로 일원화하고 있다. 또한 국고지원이 가미된 사회보험방식을 채택하고 있고 수급대상자에는 65세 미만의 장애인이 제외되어 노인을 중심으로 운영되고 있다.

③ 건강보험제도와 별도 운영

장기요양급여 운영, 장기요양제도의 특성을 살릴 수 있도록 「국민건강보험법」과는 별도로 「노인장기요양보험법」을 제정하여 운영하고 있다.

특히, 고령화의 진전과 함께 핵가족화, 가족구성원의 경제활동참여가 증가하면서 종래 가족의 부담으로 인식되던 장기요양이 이제 더 이상 개인이나 가계의 부담으로 머물지 않고 이에 대한 사회적·국가적 책무가 강조되고 있다. 이와 같은 사회 환경의 변화와 이에 대처하기 위하여 사회보험방식 및 조세방식으로 그 재원을 마련하여 장기요양보험제도를 운영하고 있다.

④ 노인 중심의 급여

우리나라 장기요양보험제도는 65세 이상의 노인 또는 65세 미만의 자로서 치매·뇌혈관성 질환 등 노인성질병을 가진 자 중 6개월 이상 혼자서 일상생활을 수행하기 어렵다고 인정되는 자를 그 수급대상자로 하고 있다.

⑤ 노인장기요양보험 적용

건강보험 가입자는 장기요양보험의 가입자가 된다. 이는 건강보험의 적용에서와 같이 법률상 가입이 강제되어 있다. 또한 공공부조의 영역에 속하는 의료급여 수급권자의 경우 건강보험과 장기요양보험의 가입자에서는 제외되지만, 국가 및 지방자치단체의 부담으로 장기요양보험의 적용대상으로 하고 있다.

⑥ 장기요양인정

장기요양보험 가입자 및 그 피부양자나 의료급여수급권자 누구나 장기요양급여를 받을 수 있는 것은 아니다. 일정한 절차에 따라 장기요양급여를 받을 수 있는 권리(수급권)가 부여되는데 이를 장기요양인정이라고 한다.

장기요양인정절차는 먼저 공단에 장기요양인정신청으로부터

출발하여 공단직원의 방문에 의한 인정조사와 등급판정위원회의 등급판정 그리고 장기요양인정서와 개인별장기요양이용계획서의 작성 및 송부로 이루어진다.

※ 장기요양인정 신청자격: 장기요양보험 가입자 및 그 피부양자 또는 의료급여수급권자 중 65세 이상의 노인 또는 65세 미만자로서 치매, 뇌혈관성 질환 등 노인성 질병을 가진 자

⑦ 노인장기요양보험 재원

노인장기요양보험 운영에 소요되는 재원은 가입자가 납부하는 장기요양보험료 및 국가 지방자치단체 부담금, 장기요양급여 이용자가 부담하는 본인부담금으로 조달된다.

국가의 부담액은 장기요양보험료 예상 수입액의 100분의 20에 상당하는 금액을 공단에 지원한다.

※ 재가 및 시설 급여비용 중 수급자의 본인부담금은
 - 재가급여: 당해 장기요양급여비용의 100분의 15
 - 시설급여: 당해 장기요양급여비용의 100분의 20
 - 「국민기초생활보장법」에 따른 의료급여 수급자는 본인부담금 전액 면제

⑧ 장기요양인정 및 이용절차

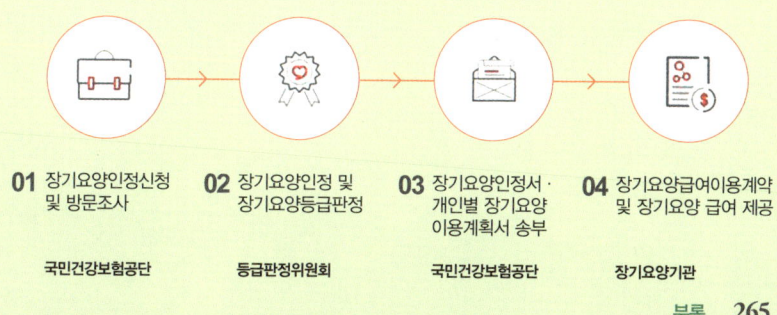

⑨ 등급판정절차

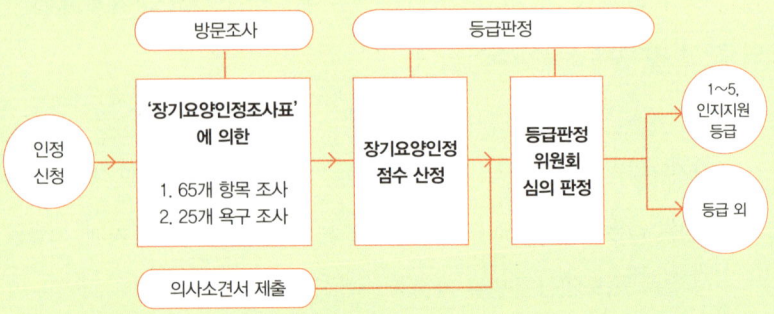

- 신청인이 신청서를 제출한 날부터 30일 이내 장기요양등급판정을 완료하여야 하나 부득이한 사유가 있는 경우 30일 이내의 범위에서 이를 연장할 수 있다

⑩ 급여의 종류 및 내용
1) 재가급여에는 방문요양, 방문목욕, 방문간호, 주야간보호, 단기보호, 복지요구서비스가 있다.
2) 시설급여에는 노인요양시설과 노인요양공동생활가정서비스가 있으며, 노인요양시설은 입소 정원이 10명 이상이고, 노인요양공동생활가정은 입소 정원이 5~9명이다.

■ 노인요양시설에 입소하려면?

① 입소대상은 1~2등급과 3~5등급 인정자 중에 시설급여로 인정받은 자
② 입소절차

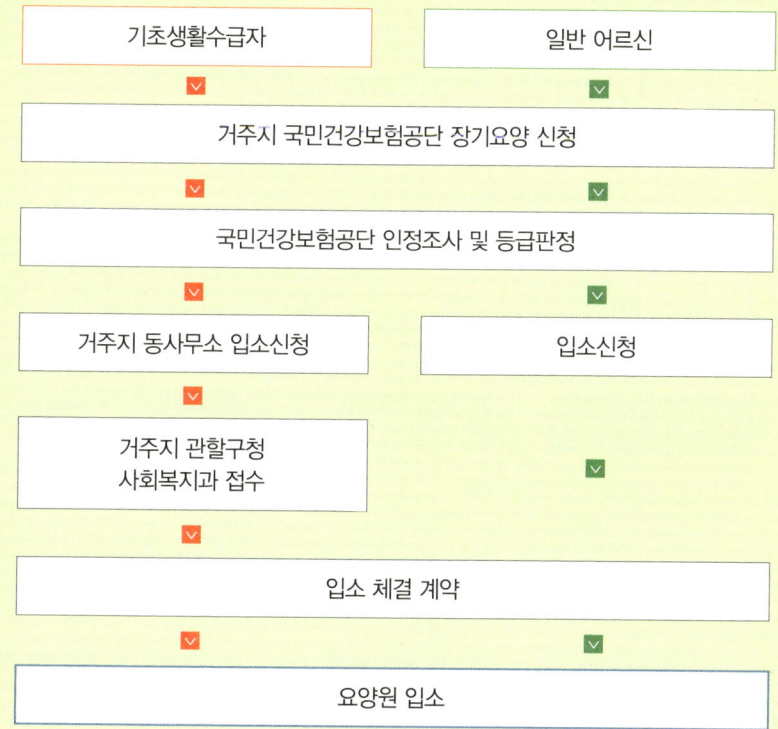

■ 서울형 좋은돌봄인증제도란?

① 목적

서울시 장기요양기관의 운영 및 서비스 전반(노인의 인권보호, 시설의 안전성 및 재무건전성 등)에 관한 표준적 기준을 설정하고 심사를 통해 기준을 충족할 경우 이를 공인하는 제도이다. 인증을 통해 복지서비스의 질 개선 및 공공성 확보를 도모함으로써 복지시민권 강화에 기여하고 있다.

② 좋은돌봄시설 인증대상

「노인장기요양보험법」 제31조에 따라 장기요양기관 지정을 받은 노인복지시설로서 「노인복지법」 제34조에 따른 노인의료복지시설 및 동법 제38조에 따른 재가노인복지시설

③ 인증절차

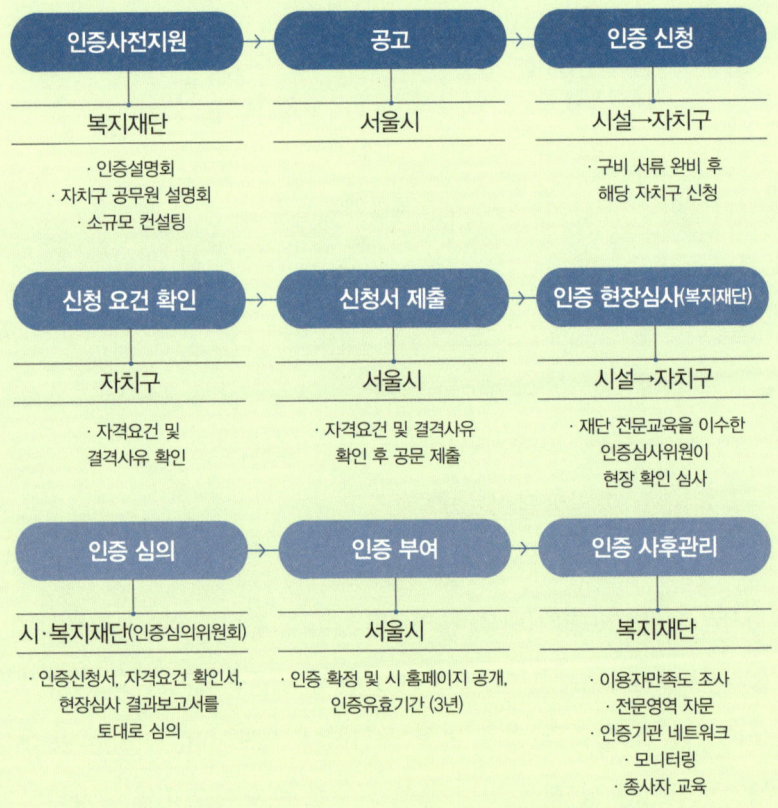

④ 인증인센티브

인증을 받게 되면 초기 시설개선비용과 소정의 인센티브를 받게 된다.

출간후기

권선복
도서출판 행복에너지 대표이사
대통령 직속 지역발전위원회 문화복지전문위원

고령화 시대의 핵심, 노인요양시설의 갈 길을 말하다

　대한민국 장래 인구 추계에 따르면 2030년 대한민국의 65세 이상 인구 분포는 24.3%에 달할 것으로 예상됩니다. 의학과 기술의 발전 등에 따라 선진국이 되어갈수록 고령화사회로 나아가는 것은 현대의 자연스러운 현상이지만, 대한민국은 전 세계의 그 어떤 선진국과 비교해서도 독보적인 속도로 초고령화 사회를 향해 나아가고 있습니다.
　이러한 고령화사회에서 가장 중요한 업무 중 하나는 스스로 생활을 꾸려 나가기 어려운 고령자를 대상으로 하는 돌봄업무입니다. 돌봄을 필요로 하는 고령층이 늘어나고, 가족 구도가 고도로 핵가족화되면서 과거 대가족 시스템이 전담해 오던 노인 돌봄 역시 사회의 영역으로 옮겨 오게 되었습니다.

　이 책 『존엄케어를 실천하는 감동의 스토리』는 이렇게 고령자에 대한 돌봄이 그 어느 때보다도 중요한 사회 안건으로 떠오르고 있는 시대에 요양원이라는 시설이 나아가야 할 방향이 무엇인지, 어떠한 사명과 비전을 가지고 운영되어야 하는지를 보여주는 책입니다.

서울특별시립 남부노인전문요양원을 운영하고 있는 한철수 저자는 요양원이 사회적 돌봄의 중심지로서 사명감을 가지고 운영되어야 할 이 시대에 일부 요양원들의 역량 부족으로 적절치 못한 돌봄과 학대가 일어나고 있으며, 이로 인해 요양원의 이미지가 악화되어 노인을 버리고 학대하는 곳으로 여겨지는 것은 매우 안타까운 일이라고 이야기합니다. 그리고 이렇게 왜곡된 인식을 불식하고 노인요양시설을 사회적 돌봄의 핵심으로 만들기 위해 '낙상제로', '학대제로', '욕창제로', '냄새제로', '신체구속제로'라는 5제로운동을 전개하고, 마음안심돌보미라는 돌봄기술을 도입하며, 돌봄 종사자들이 행복해야 어르신들에게도 행복을 제공할 수 있다는 기치 아래 다양한 직원 행복프로젝트를 전개하고 있는 모습을 이 책을 통해 보여주고 있습니다. 또한 부록을 통해 좋은 요양원을 선택할 수 있는 팁, 알아두면 도움 되는 장기요양보험제도 및 서울시좋은돌봄인증제도 등 현실적인 지식 역시 소개하고 있습니다.

현실이 된 초고령화 시대, 사회적 돌봄의 중심으로서 '노인요양시설'이 새롭게 나아갈 길을 제시하는 한철수 저자의 비전을 응원합니다.

OURHOME
우리집에 놀러와요

신규 식재상담 1544-9943

About OURHOME

맛이라는 한 길을 걸어온 40년 발자취 대한민국 Food Service의 역사인 아워홈은 다양한 분야에서 식문화를 선도하는 No.1 종합식품기업입니다.

다양한 분야에서 식문화를 선도하는 아워홈 주요사업

- **식재사업**: 급식/외식 전국 5,000여 곳 식재 공급
- **FS사업**: 1,000여 개 급식 입장 일 100만식 제공
- **외식사업**: 차별화된 컨셉, 품격 있는 서비스를 제공하는 외식브랜드
- **식품사업**: 고객의 생활방식에 맞춘 다양한 제품 개발·운영

다양한 분야에서 업계를 선도하는 아워홈 경쟁력

물류
업계 최대 전국 14개 물류센터로 전국 1시간 배송 체계 구축

구매
다양한 고품질의 식자재를 합리적인 가격으로 공급

위생, 안전
업계 최초 2년 연속 식자재우수관리업체 선정

식품제조인프라
제조·가공 인프라를 갖춘 업계 유일 종합식품회사

아워홈 물류/제조 인프라

대한민국 어디든지 직접 제조한 고품질, 효율화 상품을 공급합니다.

8개 제조공장 보유!
직접 생산되는 고품질 식재로 식단이 업그레이드 됩니다.

- 소스부터 후식류까지! 고품질의 다양한 Line up
- 동종업계 전국 최다 제조센터에서 직접 생산되는 1,000여 개 상품
- 최첨단 물류시스템 구축으로 신선하게 배송되는 식재
  14개 물류센터와 450대의 냉장, 냉동차량을 통한 빠르고 정확한 단일 배송망
- 오늘 발주, 다음날 수령! 최다 D-1 식재를 보유

공장	품목
안산공장	육가공, 튀김류
음성공장	소스류, 육가공
계룡공장	두부류, 식빵
용인1공장	베이커리
용인2공장	김, 어묵
제천공장	김치류
구미공장	난가공, 장류, 묵류
양산공장	탕, 반찬, 냉동밥, 면, 떡

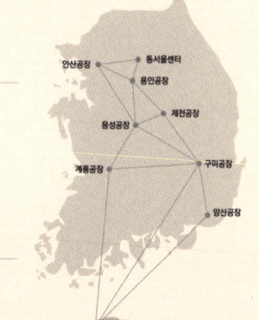

Silver 시설 맞춤 식재

소비자가 신뢰하는 브랜드 4년 연속 수상 경험과 새로움에 대한 열정으로 신선함을 선보입니다.

케어플러스
저당, 저염, 저지방 등 3대 원칙을 지켜 만들어낸 프리미엄 웰빙 식재

저염 / 저당 / 저지방 / 무첨가 / 영양강화

고령친화우수제품
KS인증 및 고령친화우수식품 지정 모두 획득 제품 총 14종

양념육 3종 / 가공육 1종 / 난류가공품 6종 / 죽 2종 / 반찬류 2종

간소화 식자재
전처리나 커팅없이 바로 조리 가능한 아워홈만의 간편식재

조리공정 간소화 / 맛, 품질 업그레이드 / 식자재 품절 시 대체 용이

curaco
큐라코 케어비데

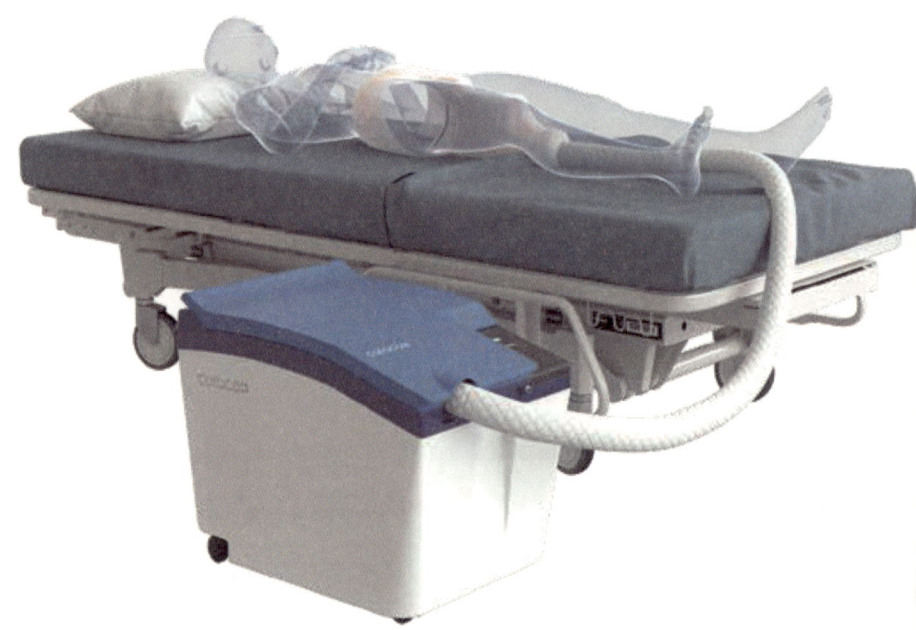

환자, 가족 그리고 간병인을 위한
최고의 선택
배설케어로봇

📞 031-701-1555　🖥 www.curaco.co.kr　✉ curaco@curaco.co.kr

(YouTube)

V CRESC® CP10 POWDER

콜라겐펩타이드 10,000mg / 아연 12.0mg / 비타민C 500mg

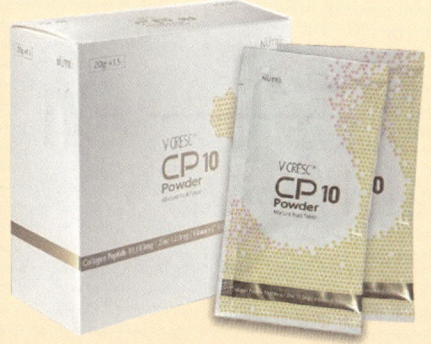

CP10은 뭐가 다를까요?

Point01
휴대가 편하고
간단하게 섭취할 수 있습니다.

Point02
섭취하기 좋은
맛있는 과일믹스맛입니다.

Point03
인체와 가장 비슷한
돼지의 콜라겐에서 추출한
콜라겐펩타이드로 만들었습니다.

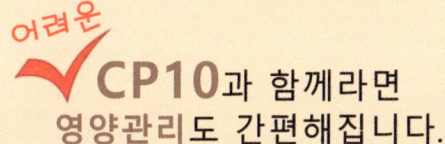

어려운 ✓ CP10과 함께라면
영양관리도 간편해집니다.

연하곤란 어르신 식사 솔루션 3스텝

어르신의 질식 예방을 위해 선진 기술로 개발한
연하곤란자용 식품을 사용하여 안전한 급식을 시작해보시길 바랍니다!

STEP 1. 연하도움식

STEP 2. 소프티아S (점도 증진제)

STEP 3. 오브라또 (복약 보조제)

품 상담 및 문의 02-457-2988 판매원 ㈜복지유니온 / 서울시 광진구 자양로 247 고광빌딩 2층

장기요양기관 평가결과 등급 상향을 위한
엔젤시스템

> 2021년 건강보험공단 평가결과
> - 최상위 10개 기관 중 9개 기관 엔젤시스템 사용
> - 상위 100개 기관 중 82개 기관 엔젤시스템 사용

엔젤시스템은 최상의 서비스를 제공합니다.

요양 업무 컨설팅
평가지표에 근거한
노인요양시설 직무지도

프로그램 뱅크 (Program-Bank)
평가기준에 맞춘
그룹별 최적화 프로그램 170여개 제공

모바일 기록

언제 어디서든 실시간 기록 가능
(시간과 장소 제한 없이 기록 가능)

굽은나무
보호자 정보제공용 앱,
"보호자의 알 권리 충족 위한 정보제공" 수행,
양방향 서비스로 보호자와의 실시간 소통 가능

KPI : 핵심성과지표
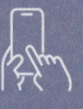
손쉬운 기록점검,
요양서비스 질 향상과 운영효율 분석에 정확한 도움,
기록 분석 통한 업무 누락 방지

묻고 답하기
평가 업무 지원 부서에서 운영,
실시간 업무지도,
평가 및 업무 관련 문의에 대한 정확한 피드백

빠르고 정확한 업무공유

동시 접속 가능, 이중기록 방지,
담당자가 작성한 일지를 관리자가
실시간으로 확인하여 신속한 피드백 가능

장기요양기관 지정 및 재지정 시
평가등급 반영으로 최하위 등급이 유지될 경우
장기요양기관 재지정에서 탈락됩니다.
**우리 기관을 위한 현명한 판단,
엔젤시스템 도입 더 이상 늦출 수 없습니다!**

요양시설통합사례관리솔루션
엔젤시스템 LCMS

도입문의 **032-277-9797**

D A E K E O N   M E D P I A

낙상방지 저상형
다기능 전동 3모터 침대
(3단 사이드레일)

DK 모델 (최저 높이:360mm /매트리스 높이 포함)

사이드레일 상부는 분리가 가능해 3칸, 6칸 분리형(일반 전동침대) 또는 9칸 고정형(낙상방지 전동침대)으로 사용이 가능합니다. 사이드레일 높이는 420,470,520mm 3단으로 조절이 가능하여 낙상 사고 위험이 높은 어르신 또는 와상 어르신 케어에 더 용이합니다. 사이드레일은 부분 A/S가 가능하도록 제작되었습니다.

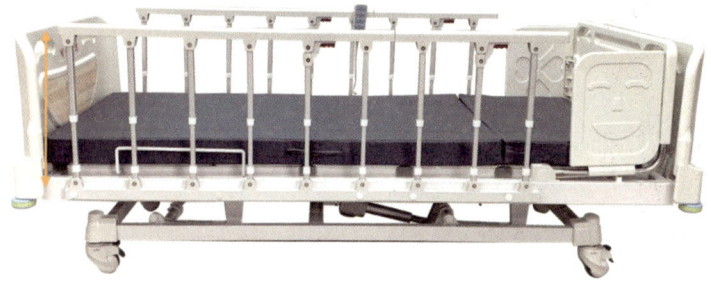

사이드레일 높이는 420,470,520mm 3단계로 조절 가능합니다.

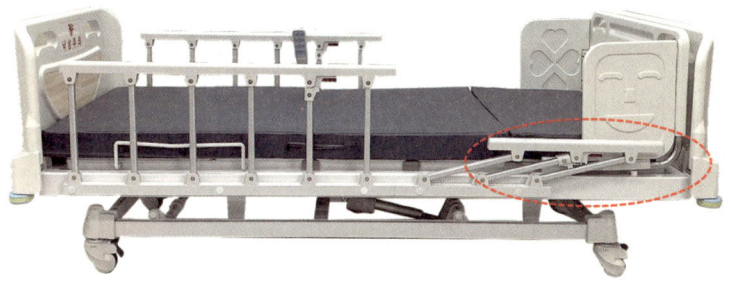

대건메디피아㈜ 전동침대는 수의계약이 가능합니다.

★지방계약법에 의거 수의계약 가능★ (추정가격 2천만원 초과 1억 이하까지)
-제25조 4항 사. 특허제품
-제25조 5항 마. 여성기업
(지방계약법 시행령에 따른 내용으로 지자체마다 기준이 상이할 수 있습니다.)

낙상방지 의료용 침대 제조전문기업

대건메디피아㈜
제품문의:031-664-6574~5

 **국비지원! 기능보강사업 전문 기업**

(주)모든티앤에스는 기능보강사업으로 전국 요양원, 장애인시설, 학교, 어린이집, 유치원 등 노유자시설에 화재시에 자동으로 창문이 개방되어 유독가스에 질식을 최소화하는 화재안전 창문과 그로 인하여 시야를 확보하여 가장 신속하게 탈출할 수 있도록 도와주는 화재탈출 로를 전문으로 제조 및 시공하는 업체입니다.
① 피난미끄럼틀: 관련특허 다수보유(디자인등록 1건, 관련특허 3건)
② 배연창: 관련특허 보유(명칭:배연창 자동 개폐장치, 특허 제10-2055147호)

□ 화재 탈출로
■ 피난 미끄럼틀(나선형)　　　　■ 피난 미끄럼틀(직선형)

■ 경 사 로　　　　■ 연 교

□ 화재 안전창문(배연창)　　　　□ 비상문 자동개폐기, 안전방충망

 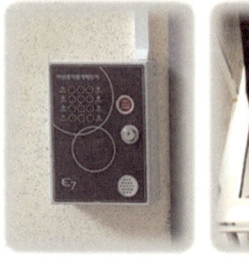 

㈜모든티앤에스
대구 북구 서변로 75, 2층
TEL : 053-958-8204,　FAX : 053-957-8204

대표이사 장세욱 : 010-2029-0404
영업총괄 전태복 : 010-2411-2061

노인요양시설의 복지서비스 질 향상과
노인복지가치증진을 위한 든든한 파트너가 되겠습니다!

노인복지장비/노인요양시설 개원컨설팅 전문기업

㈜ 퍼슨(Person) 대표이사 김 수 민 (M.P 010-7449-6587)

Welfare & Care
Service cooperation Partner

취급품목 : 산업용세탁기/건조기, 비상탈출용경사로, 낙상방지전동침대, 의료장비, 물리치료장비, 인지재활훈련장비, 생활보조장비, 요양소모품, 시설비품 등

▲산업용세탁기

▲산업용건조기

▲비상탈출용경사로

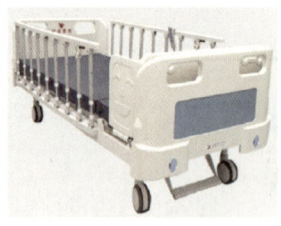
▲낙상방지전동침대

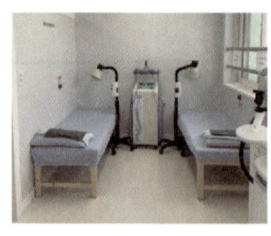
▲의료장비/물리치료장비

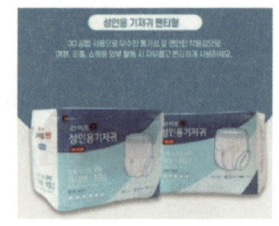
▲위생소모품류

존엄케어의 시작 하이제라

스마트기저귀 시스템

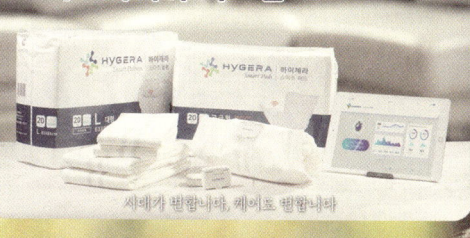

자동 배뇨처리 케어봇

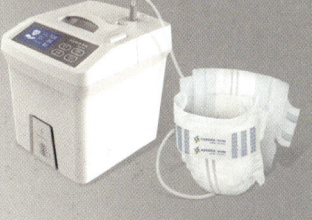

주식회사 하이제라네트웍스
02) 579-0910

RELIFE NEXT

지금부터 시작하는 돌봄의 시작
- New RELIFE NEXT Debut -

재가복지시설전문
의료용품 홈페이지

 란달유디케어스
LUNDAL UDC CO.,LTD.

리라이프 넥스트 3모터 전동침대 요양시설
구매/렌탈(대여) 문의 032-563-1384

행복을 부르는 주문

— 권선복

이 땅에 내가 태어난 것도
당신을 만나게 된 것도
참으로 귀한 인연입니다

우리의 삶 모든 것은
마법보다 신기합니다
주문을 외워보세요

나는 행복하다고
정말로 행복하다고
스스로에게 마법을 걸어보세요

정말로 행복해질것입니다
아름다운 우리 인생에
행복에너지 전파하는 삶 만들어나가요

긍정의 힘

— 권선복

우리마음에 긍정의 힘을 심는다면
힘겹고 고된 길 가더라도 두렵지 않습니다.

그 어떤 아픔과 절망이 밀려오더라도
긍정의 힘이 버팀목 되어 줄 것입니다.

지금 당신에게 드리겠습니다.
열린 마음으로 받아들일 수 있는 긍정의 힘.
두 팔 활짝 벌려 받아주세요.

당신의 마음에 심어진 긍정의 힘이
행복에너지로 무럭무럭 자라날 것입니다.

아름다운 사람

— 권선복

아름다운 사람이 되고 싶습니다
내가 말한 말 한마디에
모두가 빙그레 미소 지을 수 있는 힘을 가진
아름다운 사람이 되고 싶습니다.

내가 보인 작은 베풂에
모두가 행복해할 수 있는
선한 영향력을 가진
아름다운 사람이 되고 싶습니다.

말보다 행동보다
모두에게 진정으로 내보일 수 있는
아이같은 순수함을 지닌
아름다운 사람이 되고 싶습니다.

좋은 **원고**나 **출판 기획**이 있으신 분은 언제든지 **행복에너지**의 문을 두드려 주시기 바
ksbdata@hanmail.net   www.happybook.or.kr   문의 ☎ 010-3267-6277

'행복에너지'의 해피 대한민국 프로젝트!

<모교 책 보내기 운동> <군부대 책 보내기 운동>

한 권의 책은 한 사람의 인생을 바꾸는 힘을 가지고 있습니다. 한 사람의 인생이 바뀌면 한 나라의 국운이 바뀝니다. 그럼에도 불구하고 많은 학교의 도서관이 가난하며 나라를 지키는 군인들은 사회와 단절되어 자기계발을 하기 어렵습니다. 저희 행복에너지에서는 베스트셀러와 각종 기관에서 우수도서로 선정된 도서를 중심으로 <모교 책 보내기 운동>과 <군부대 책 보내기 운동>을 펼치고 있습니다. 책을 제공해 주시면 수요기관에서 감사장과 함께 기부금 영수증을 받을 수 있어 좋은 일에 따르는 적절한 세액 공제의 혜택도 뒤따르게 됩니다. 대한민국의 미래, 젊은이들에게 좋은 책을 보내주십시오. 독자 여러분의 자랑스러운 모교와 군부대에 보내진 한 권의 책은 더 크게 성장할 대한민국의 발판이 될 것입니다.

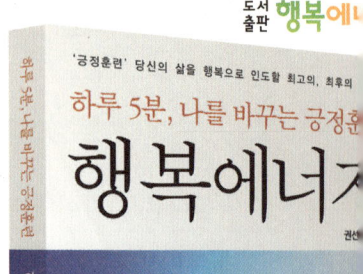